Schlemmer-Menüs

W0088788

Impressum

Folgende Firmen stellten für dieses
Buch Geschirr, Accessoires und Küchen-
gerätschaften freundlicherweise zur
Verfügung:
Firma Timmerhaus, Bottrop-Kirchhellen;
Firma August Theben, Borken;
Der Küchenmeister, Münster;
Firma Homann, Dülmen.

Landwirtschaftsverlag GmbH,
48084 Münster

© Landwirtschaftsverlag GmbH,
Münster-Hiltrup, 1997

Das Werk einschließlich aller seiner Teile ist urheberrechtlich geschützt. Jede
Verwertung außerhalb der engen Gren-
zen des Urheberrechtsgesetzes ist ohne
Zustimmung des Verlages unzulässig
und strafbar. Das gilt insbesondere für
Vervielfältigungen, Übersetzungen,
Mikroverfilmungen und die Einspeiche-
rung und Verarbeitung in elektroni-
schen Systemen.

Rezepte:
Marlies Tubes, Mathilde Schulze Beikel

Redaktion:
Dipl.-Oec.-troph. Brigitte Laarmann,
Landwirtschaftliches Wochenblatt
Westfalen-Lippe

Fotos und Fotokonzept:
Bernadette Lütke Hockenbeck,
Landwirtschaftliches Wochenblatt
Westfalen-Lippe

Layout:
Monika Wagenhäuser

Gesamtherstellung:
LV Druck im Landwirtschaftsverlag
GmbH

Gedruckt auf chlorfrei gebleichtem
Papier

Printed in Germany

ISBN 3-7843-2881-4

Schlemmer-Menüs

Über 60 Rezepte
mit Tips zum Kombinieren

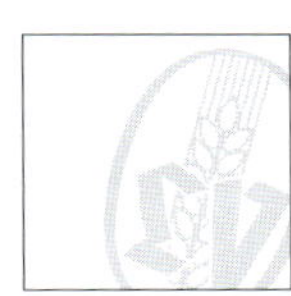

Landwirtschaftsverlag GmbH
Münster-Hiltrup

Inhalt

Tips für die Menüplanung

Rezept-Teil

EKS

Schlemmer-Menüs

Zu Hause mit der Familie oder mit Freunden ein gutes Essen genießen — das ist hierzulande eine der liebsten Freizeitbeschäftigungen geworden. Gefragt sind dabei Gerichte, die raffiniert, aber nicht zu aufwendig sind. Besser als exotische Zutaten, die das Einkaufen zur Detektivarbeit machen, sind bekannte und heimische Zutaten in neuer Kombination. Wichtig ist auch, daß sich die Speisen gut vorbereiten lassen, damit die Arbeit überschaubar bleibt.

Die passenden Rezepte dazu finden Sie in diesem Buch. Sie stammen von zwei Landfrauen, die jahrzehntelange Küchenpraxis haben. Beide kochen gern für Gäste und stellen in diesem Buch ihre besten, vielerprobten Lieblingsgerichte vor.

Hier finden Sie verschiedenste Vorspeisen, Hauptgerichte und Desserts. Sie können alle diese Gerichte selbst zu Menüs oder Büffets zusammenstellen. Die Einordnung der Rezepte nach Jahreszeiten und die vielen Tips in den Arbeitsanleitungen helfen Ihnen dabei. So entstehen immer neue Schlemmer-Menüs im Stil der neuen, kreativen Küche!

Wie Sie die Rezepte kombinieren können

Die Kunst eines Menüs besteht darin, daß die einzelnen Gerichte zueinander passen, sich ergänzen, Auge und Gaumen zufriedenstellen. Um Ihnen einige Anregungen zu geben, haben wir alle Gerich-

FRÜHLING

Vorspeisen	Hauptgerichte	Desserts
Frühlingssalat	Gefüllte Schollenfilets in Weißweinsoße	Erdbeer-Joghurtparfait
Spargel in Blätterteig	Lammkeule	Ananascreme
Schinkenmousse mit Spargel	Rinderfilet mit Kräuterkruste	Weißes Eis mit Himbeerpüree
Kohlrabischaumsuppe	Kasseler im Zwiebelbett	Pfirsich-Sektcreme
Gurkensuppe	Hähnchenbrust mit Apfel-Weinsoße	Rhabarbergratin mit Eissoße
	Festtagsauflauf mit Spargel	

SOMMER

Vorspeisen	Hauptgerichte	Desserts
Kleine Kartoffeln mit Lachshaube	Geschichteter Schweinebraten mit Bohnenkraut	Apfelkaltschale
Pikante Tomatenkaltschale	Filetspitzen »Fromage«	Trifle
Petersilien-Terrine	Putenrouladen mit Estragonfüllung und Zwiebelschaum	Gestürzte Sauerkirschspeise mit Mascarponesoße
Forellenrahmsuppe	Fischfilet im Champignonbett	Panna Cotta mit Beerensoße
Versteckte Möhren	Schweinerücken mit Johannisbeersoße	Zimtparfait mit Apfelkugeln
	Wiener Tafelspitz	

te, die Sie im Rezept-Teil finden, in vier Tabellen nach Jahreszeiten geordnet. So können Sie auf einen Blick sehen, welche Rezeptkombinationen sich anbieten.

HERBST

Vorspeisen	**Hauptgerichte**	Desserts
Überbackene Champignonköpfe	Sauerbraten mit Trauben und Karameläpfeln	Blaubeerparfait mit beschwipster Soße
Feine Gemüsesuppe	Speckforellen	
	Rouladen nach Jägerart	Holundercreme
Wildrahmsuppe	Senfbraten	
	Schweinefilet mit Kräuterfrischkäse	Apfel-Tiramisu
Apfel-Kartoffelcremesuppe	Steinpilzkartoffeln mit Schinkenspeck	Karamel-Windbeutel
Klare Wildsuppe	Rotwein-Poularde	Blaubeer-Bavarois

WINTER

Vorspeisen	**Hauptgerichte**	Desserts
Porreesuppe mit Käse-Krusteln	Entenbrust mit Rotweinsoße und Zwiebel-Sauerkirschgemüse	Backobst-Terrine mit Vanillesoße
Rote-Bete-Salat mit Äpfeln und Nüssen	Kaninchen nach Feinschmeckerart	Gestürzte Walnuß-Mandelcreme
	Filet-Apfeltopf	Orangencreme
Pikante Nußsuppe	Feiner Fischauflauf	
Feldsalat mit Joghurt-Specksoße	Pikanter Fleischtopf	Zitronen-Joghurtcreme
Lachs-Terrine	Schweinenackensteaks mit Fenchel	Noisettecreme

Klassisch oder modern

Wenn den Gästen schon bei der Vorspeise das Wasser im Mund zusammenläuft und ihr Appetit bis zum Dessert reicht, dann ist ein Menü gelungen. Und das ist nicht nur ein Ergebnis guter Kochkunst, sondern setzt Gespür für die passende Kombination von Speisen und eine gewissen Arbeitsorganisation voraus. Dafür finden Sie im folgenden einige Anregungen und Grundregeln.

Das klassische Menü besteht aus Vorspeise, Hauptgericht und Dessert. Nach diesen drei Komponenten ist auch der Rezept-Teil unseres Buches aufgebaut. Das heißt jedoch nicht, daß Sie sich immer an diese Zusammenstellung der Gerichte halten müssen. Wer zum Beispiel gern Vorspeisen mag, kann zunächst eine kalte Vorspeise servieren und danach noch eine Suppe; anschließend Hauptgericht und Dessert. Eine beliebte Erweiterung des Menüs ist auch die Käseplatte, die vor oder nach dem Dessert gereicht werden kann. Als Abschluß eines Menüs wird oft noch eine Tasse Kaffee und etwas Gebäck gereicht. Natürlich kann man die Speisenfolge noch stärker erweitern, beispielsweise um ein Fischgericht vor dem Hauptgericht, aber solche umfangreichen Menüs sind im Privathaushalt kaum zu bewältigen und »sprengen« auch das Fassungvermögen der meisten Gäste. Eine Ausnahme bildet das Büffet. Hier können Sie mehrere Gerichte anbieten und damit auch auf die Vorlieben Ihrer Gäste eingehen.

Auswahl und Zusammenstellung

Wie stellt man nun ein Menü zusammen? Worauf achtet man bei der Auswahl der einzelnen Gerichte?

Dazu einige Tips:

Erstes Kriterium sollte immer die Jahreszeit sein. Wählen Sie Gerichte aus, deren Zutaten frisch aus

Beispiel für ein Frühjahrs-Menü: Gurkensuppe, Rinderfilet mit Kräuterkruste, Erdbeer-Joghurtparfait.

Beispiel für ein Sommer-Menü: Petersilien-Terrine, Fischfilet im Champignonbett, Gestürzte Sauerkirschspeise mit Mascarponesoße.

der Region kommen. Dann schmecken sie am besten und sind qualitativ hochwertig. Um Ihnen dabei zu helfen, sind die im Rezept-Teil vorgestellten Gerichte nach Jahreszeiten gekennzeichnet, wobei man sich über feine Unterscheidungen wie Frühjahr / Sommer oder Herbst / Winter manchmal sicherlich streiten kann.

Auswahl und Zusammenstellung

Als nächstes sollten Sie überlegen, ob unter den Personen, für die Sie kochen, jemand mit besonderen Abneigungen oder Diätvorschriften ist. Auf solche Dinge sollten Sie unbedingt eingehen und eventuell an Alternativen zu den geplanten Gerichten denken.

Am sinnvollsten ist es, zuerst das Hauptgericht für ein Menü auszusuchen und danach eine passende Vorspeise sowie ein Dessert auszuwählen.

Nutzen Sie Kochplatten und Backofen bei der Zubereitung des Menüs optimal aus. Wird das Hauptgericht im Backofen gegart, sollten Sie keine überbackene Vorspeise auswählen, sondern einen Salat oder eine Suppe.

Meist ist es sinnvoll, auch ein bis zwei Gerichte auszusuchen, die Sie schon einen oder zwei Tage bevor die Gäste kommen, ganz oder teilweise zubereiten können. So drängt sich die Arbeit nicht am letzten Tag. Bei den meisten Gerichten in unserem Rezept-Teil ist angegeben, wie Sie diese vorbereiten können.

Bei der Auswahl von Vorspeise und Dessert zu einem Hauptgericht sollten Sie beispielsweise auf Abwechslung in den Farben achten. Also nicht eine helle Vorspeise reichen, zum Beispiel eine Cremesuppe, und außerdem ein helles Dessert servieren, beispielsweise eine Zitronencreme. Schöner ist es, wenn Sie farbliche Kontraste auf den Tisch bringen.

Wichtig ist auch Abwechslung bei den Zutaten. Also keine Vorspeise mit Kartoffeln und als Beilage nochmals Salzkartoffeln. Oder Fisch als Vorspeise und als Hauptgericht.

Beispiel für ein Herbst-Menü: Feine Gemüsecremesuppe, Rotweinpoularde, Apfel-Tiramisu.

Beispiel für ein Winter-Menü: Feldsalat mit Joghurt-Specksoße, Entenbrust mit Rotweinsoße und Zwiebel-Sauerkirschgemüse, Backobst-Terrine.

Natürlich sollten die einzelnen Speisen eines Menüs auch vom Stil und von den Gewürzen zueinander passen. Aber dazu lassen sich kaum allgemeine Tips geben. Denn über Geschmack läßt sich schlecht streiten.

Portionen und Mengen sicher im Griff

Bei allen Gerichten im Rezept-Teil ist angegeben, für wieviel Personen sie gedacht sind. Zusätzlich geben wir Ihnen im folgenden jedoch für die verschiedenen Menü-Komponenten Grundmengen pro Person an. Diese Werte braucht man, wenn eine größere Gästeschar zu bewirten ist oder wenn Sie beispielsweise Vorspeise und Dessert für ein großes Fest selbst zubereiten und das Hauptgericht beim Partyservice bestellen. Dann ist es gut, wenn Sie selbst einige Anhaltspunkte haben, um die Mengenvorschläge des Partyservice zu beurteilen.

Die meisten Gerichte, die wir Ihnen im Rezept-Teil vorstellen, sind für vier Personen bzw. für sechs bis acht Personen berechnet. Haben Sie einige Personen mehr am Tisch, so ist es kein Problem, die 1,5 fache oder die doppelte Menge pro Gericht zuzubereiten. Schwieriger wird die Mengenberechnung bei großen Personenzahlen, etwa ab 30 Personen. Dann sind die Mengen oft viel zu reichlich bemessen, wenn man das ursprüngliche Rezept einfach nur vervielfacht.

Profis gehen in solchen Fällen anders vor. Sie zählen alle Zutaten eines Gerichtes zusammen und teilen das errechnete Gewicht durch die Grundmenge pro Person. Daraus ergibt sich die Personenzahl, für die das Rezept ausreicht. Dann teilt man die Gästezahl durch diesen errechneten Wert und erhält den Faktor, mit dem man das ursprüngliche Rezept vervielfachen muß, um alle Gäste zu beköstigen. Das klingt Ihnen zu theoretisch? Dann schauen Sie sich doch mal das Beispiel links auf der Seite an.

Menüplanung

Ein Beispiel:

Sie möchten die Kohlrabisuppe von S. 34 für 3o Personen zubereiten. Zuerst zählen Sie das (eßbare!) Gewicht aller Zutaten zusammen.

Das sind: 400 g Kohlrabi (geschält gewogen), 70 g Zwiebeln, 20 g Champignons, 30 g Butter, 750 ml Brühe, 200 ml Sahne, 20 ml Zitronensaft, 200 g gekochter Schinken. Insgesamt ergibt sich eine Menge von 1690 g.

Als Grundmenge pro Person gilt bei Vorspeisen-Suppen 250 g. Also rechnet man 1690 geteilt durch 250 g = 6,8.

Wenn Sie 30 Personen mit der Suppe beköstigen wollen, rechnen Sie nun 30 geteilt durch 6,8 = 4,4. Sie müssen also das 4 1/2 fache Rezept zubereiten.

Folgende Grundmengen rechnet man pro Person:
Suppe als Vorspeise: 250 ml
Fleisch: 120 bis 150 g
(bei Fleisch mit Knochen 20 bis 30 g mehr)
Fisch: 180 bis 200 g
Soßen: 100 bis 125 ml
Gemüse als Beilage: 250 g
(ungeputzt gewogen!)
Kartoffeln als Beilage: 250 g (ungeschält gewogen)
Reis als Beilage: 50 bis 60 g
Nudeln als Beilage: 60 bis 75 g
Süßspeisen: 150 g

Möchten Sie eine Käseplatte als Abschluß
des Menüs reichen, sollten Sie dafür
drei bis fünf verschiedene Käsesorten
auswählen. Pro Person rechnet man
insgesamt 80 bis 100 g Käse. Auf
eine Käseplatte gehören je ein Frischkäse, zum Beispiel ein aromatischer
Ziegenfrischkäse, ein Weichkäse, zum
Beispiel Camembert oder Brie (schmeckt
als Rohmilchkäse übrigens am besten)
und ein würzigerer Rotschmiere-Weichkäse
wie Chaumes oder Munsterkäse (duftet sehr
stark!), ein halbfester Schnittkäse, zum Beispiel
Esrom, Bel Paese, Butterkäse oder Maasdamer,
fester Schnittkäse, wie Tilsiter, Edamer oder Trap-
pistenkäse, Appenzeller oder Gouda, und schließlich Blauschimmel-Käse, zum Beispiel Roquefort
oder Gorgonzola und ähnliche Sorten aus Deutschland.

Die passenden Getränke und Gläser

Zu einem guten Essen gehören auch feine Getränke. Sie leiten ein Festessen ein, begleiten es und
bilden schließlich den Abschluß. Man kann aus der
Getränkekunde eine regelrechte Wissenschaft machen. Die Gäste werden aber in der Regel damit
zufrieden sein, wenn Sie sich an einige Grundregeln halten.

Links ein Glas für Bitter-
Aperitifs wie Campari, in der
Mitte ein typischer Sektkelch,
rechts ein Sherryglas.

Ein Aperitif wird vor dem Essen gereicht und soll
den Appetit und die Lust auf das Festmahl anre-
gen. Er soll von der Menge her nicht zu reichlich
bemessen sein, damit er den Magen nicht bela-
stet. Ganz klassisch ist ein Glas Sekt – oder gar
Champagner –, das Sie pur oder gemixt mit anderen Zutaten, wie schwarzer Johannisbeerlikör
»Creme de Cassis« (ergibt das Getränk »Kir roy-
al«) oder Orangensaft, anbieten. Im Sommer kann

eine Bowle mit frischen Früchten, die Sie nicht nur
mit Sekt sondern auch mal mit leichtem Weißwein
zubereiten können, ein passender Aperitif sein.

Bekannt als Aperitif sind herbe Weine wie Sherry
oder Portwein oder Wermutweine, zum Beispiel
Martini. Eine Gruppe für sich bilden die Bitter-Ape-
ritifs, deren bekanntester Vertreter der Campari ist.
Diese Getränke werden meist nicht pur, sondern verlängert mit anderen Getränken serviert, der Campari
zum Beispiel mit Orangensaft oder mit Sekt.

Von links nach rechts: Klassi-
sches Rotweinglas in Ballon-
form, Weißweinglas, oben
leicht nach innen gewölbt,
Roséglas mit etwas stärkerer
Wölbung, Wasserglas.

Was wäre ein Festmahl ohne den passenden Wein?
Aber gerade bei der Auswahl des Weines kann
man viele Fehler machen. Am besten ist es, wenn
Sie Wein in einem guten Fachgeschäft oder direkt
beim Winzer kaufen und sich dort auch beraten
lassen. Die Fachleute können Ihnen zu bestimmten
Speisen entsprechende Weine empfehlen. Einige
grundsätzliche Tips sollten Sie bei der Auswahl
und beim Servieren der Weine beachten.

*Die passenden
Getränke und Gläser*

Viele Weintrinker mögen beim Essen zusätzlich zu dem Wein gern ein Glas Wasser. Daran sollten Sie vorher denken und möglichst kohlensäurearmes Wasser bereit halten. Es kann ebenfalls in Weingläsern oder in Wassergläsern serviert werden.

Wenn es besonders fein zugehen soll, können Sie bei einem Menü zu jedem Gang einen anderen Wein servieren, also zu Vorspeise, Hauptgericht, Dessert und Käseplatte. Ausnahme: Gibt es als Vorspeise eine Suppe, serviert man dazu keinen Wein, sondern beginnt mit dem Wein erst beim folgenden Gericht. Möchten Sie bei einem Menü nur einmal den Wein wechseln, so bietet es sich an, zur Käseplatte einen neuen Wein mit würzigerem Aroma anzubieten. Für die Reihenfolge der Weine bei einem Menü gelten nebenstehende Regeln.

Welcher Wein zu welchen Speisen paßt, entscheidet man nach dem Gehalt und dem Aroma sowohl der Speise als auch des Weines. Die nachfolgende Übersicht, erstellt vom Deutschen Weininstitut in Mainz, gibt Ihnen einen einfachen Überblick, wie Sie Speisen und auch Weine (hier nur deutsche!) einordnen können.

Junger Wein wird vor älterem serviert und qualitativ einfacher vor dem besseren.

Leichte Weine kommen vor den schweren.

Weißwein wird vor Roséwein angeboten und Roséwein vor Rotwein.

Einordnungsbeispiele für Weine

Gehalt	dezentes Aroma	würziges Aroma
Leicht	Kabinettweine von Riesling, Silvaner, Weißburgunder, Portugieser, Trollinger	Kabinettweine von Müller-Thurgau, Bacchus, Scheurebe, Gewürztraminer, Spätburgunder
Gehaltvoll	Spätlesen/Auslesen von Riesling, Silvaner, Weißburgunder, Spätburgunder	Spätlesen von Bacchus, Grauburgunder, Scheurebe, Dornfelder

Wichtig ist, daß Sie den Wein in der richtigen Temperatur servieren, damit er sein volles Aroma entfalten kann und seine anregende Frische nicht verliert. In Deutschland, so haben uns Weinkenner erklärt, neigt man dazu, Wein zu kalt zu trinken, insbesondere Weißwein. Der größte Fehler beim Weißwein ist es, den Wein mehrere Stunden oder gar Tage in den Kühlschrank zu stellen. Darunter leidet das Aroma. Stellen Sie Weißweine zwei bis drei Stunden vor dem Servieren in den Kühlschrank.

Damit Sie Ihren Gästen auch während des Essens kühlen, aber nicht kalten Weißwein nachschenken können, sollten Sie einen Weinkühler bereit halten und den Wein darin nahe am Tisch aufbewahren. Der klassische Weinkühler besteht aus einem hohen Terrakottagefäß und einer glasierten Unterschale. Sie können die gekühlte Weinflasche direkt in den Weinkühler stellen, der dann isolierend wirkt. Eine weitere Möglichkeit: Wässern Sie den Weinkühler und nutzen Sie die Verdunstungskälte zum Kühlen des Weines. Die Flasche bleibt dabei angenehm trocken. Rotweine stellen Sie schon am Vortag in ein nicht zu warmes Zimmer. Kräftige Rotweine trinkt man bei einer Zimmertemperatur von 16 bis 18 °C; kräftigere, herbe Rotweine dagegen schon ab 14 °C.

Einfache Weißweine schmecken am besten bei 8 bis 11 °C.

Das gleiche gilt auch für Weißherbst und Roséwein. Spät- und Auslesen dagegen entfalten erst bei 10 bis 14 °C ihr volles Aroma.

Einordnungsbeispiele für Speisen

Gehalt	dezentes Aroma	würziges Aroma
Leicht	Eierspeisen, gekochter Fisch, Huhn, Pute, Kalbfleisch mit heller Soße, Gemüsegerichte	Wildgeflügel, würzige Ragouts, Kalb oder Lamm mit aromatischen Soßen, Schmorgemüse
Gehaltvoll	Meeresfrüchte, kräftiger Seefisch, Schweinebraten, fettreicher Süßwasserfisch	Gans, Ente, Haarwild, Rind, gehaltvoller Käse

Die passenden
Getränke und Gläser

Mit dem Öffnen der Flaschen warten Sie beim Weißwein bis eine Stunde vor dem Servieren; Rotweinflaschen können bis zu drei Stunden vor Gebrauch geöffnet werden.

Noch ein Tip zum richtigen Weinglas: Es gibt sehr viele verschiedene Glasformen, und Weinkenner halten sicher für ihre Lieblingsweine spezielle Gläser bereit. Im Grunde reicht es aber völlig aus, wenn Sie langstielige bauchige Gläser für Rotwein und etwas kleinere, zum oberen Rand leicht nach innen gewölbte Weißweingläser haben.

Auch wenn Sie es gut mit Ihren Gästen meinen: Ein Weinglas wird nur zu zwei Dritteln gefüllt, ein großes Glas sogar nur zu einem Drittel.

Von links nach rechts:
Kognakschwenker, Calvadosglas, Grappaglas, zwei Likörgläser, zwei Schnapsgläser.

Der krönende Abschluß eines Menüs ist der Digestif. Das darf ein kräftiger Schluck sein, der die Verdauung ankurbelt. Der Digestif wird oft zusammen mit einer Tasse Kaffee gereicht. Als Digestif können Sie Edelbrände wie Grappa, fruchtige Schnäpse wie Calvados und Obstgeist oder Liköre verschiedener Richtungen servieren. Weinbrand oder Kognak sowie Whisky zählen ebenfalls zu den Digestifs. Ein einfacher klarer Schnaps tut's aber auch und erfüllt denselben Zweck!

Der klassische Weinkühler besteht
aus Terrakotta und wird vor Gebrauch
gewässert. Es gibt aber auch ver-
chromte Behälter mit eingesetzten
Kühl-Elementen.

Vorspeisen

Die Vorspeise eröffnet das Menü. Sie soll den ersten Hunger stillen, aber auch den Appetit auf mehr wecken. Da gibt es raffinierte Kleinigkeiten, kalt oder warm, knackige Salate oder eine pikante Suppe. Ideal lassen sich solche Gerichte zu einem leckeren Büffet kombinieren oder können als kleine Beigabe zu Wein und Bier gereicht werden.

Suppen: immer ein Genuß

Die Vorstellung, daß Suppen nur zur Winterzeit schmecken, wenn es draußen kalt und ungemütlich ist, wird in diesem Buch widerlegt. Sie müssen nur das passende Rezept für die richtige Jahreszeit haben. Klar: In der kalten Jahreszeit schmecken etwas gehaltvollere Suppen am besten. Wird es draußen wärmer, werden auch die Suppen leichter oder sogar kalt. An einem heißen Sommertag raten wir Ihnen beispielsweise zu einer Tomatenkaltschale.

Als klassisch bezeichnet man klare Suppen, die durch das Auskochen von Fleisch und Knochen entstehen. Die einfachste Version ist die Fleischbrühe auf der Basis von Rindfleisch oder Geflügel,

Fleisch, Knochen und Gemüse sind die Grundlage für eine feine Brühe.

die nicht oder nur wenig entfettet wird. Eine Bouillon ist eine entfettete und geklärte Brühe mit wenig, aber feiner Einlage. Von Kraftbrühe oder Consommé spricht man, wenn zusätzlich Suppengemüse (Porree, Sellerie, Möhre, Petersilienwurzel) und kräftiges Suppenfleisch mitgekocht wird. Eine doppelte Kraftbrühe erhält man, wenn zur Zubereitung die doppelte Fleischmenge verwendet wird.

Damit aus einer klaren Brühe eine cremige Suppe wird, verfeinert man sie beispielsweise mit Sahne oder Crème fraîche. Man kann eine Cremesuppe aber auch ganz traditionell mit Hilfe einer sogenannten Mehlschwitze zubereiten. Und schließlich gibt es die schaumigen, leichten Suppen, die durch das Pürieren von gegartem Gemüse und anderen Zutaten hergestellt werden. Nachfolgend einige Tips zur Zubereitung von Cremesuppen:

Feiner als Mehl oder Speisestärke ist eine Bindung mit Butter. Dazu muß die Butter aber unbedingt in kleine Würfel geschnitten und tiefgefroren wer-

Eisgekühlte Butterwürfel werden nach und nach unter die nicht mehr kochende Suppe geschlagen und sorgen für eine feine Bindung.

Suppen:
immer ein Genuß

den. Die eiskalten Würfel werden nach und nach unter die nicht mehr kochende Flüssigkeit geschlagen. Profis nennen das »aufmontieren«. Eine auf diese Weise gebundene Suppe darf nicht mehr kochen.

Viele Cremesuppen und besonders Suppen, die mit Mehl oder Speisestärke gebunden sind, werden etwas dicklicher, wenn sie längere Zeit stehen. Kurz vor dem Servieren sollten Sie daher die Konsistenz überprüfen und eventuell Brühe, Wasser oder Gemüsesud nachgießen. Das anschließende Abschmecken nicht vergessen!

Crème fraîche oder saure Sahne verfeinern eine Suppe eher als daß sie sie dicklich machen. Diese Zutaten werden erst kurz vor dem Servieren zugegeben und sorgen durch ihr säuerliches Aroma für einen angenehmen Geschmackskontrast. Sehr dekorativ sieht es aus, wenn man Crème fraîche oder saure Sahne nicht vollständig unter die Suppe rührt, sondern auch noch einen kleinen Klecks davon direkt auf jeden Suppenteller gibt.

Eine besonders edle Verfeinerung gelingt durch das Legieren mit Eigelb und Sahne. Wichtig dabei: Das Eigelb muß zunächst an die Temperatur der heißen Suppe angeglichen werden, ehe man es einrührt. Sonst gerinnt es. Deshalb geht man beim Legieren folgendermaßen vor: Eigelb und Sahne verrühren. Etwas heiße Suppe unterrühren. Diese angewärmte Masse in die nicht mehr kochende Suppe einrühren. Eine legierte Suppe darf nicht mehr kochen.

Püreesuppen sind eine »Spielwiese« für alle, die gern kochen. Grundlage sind meist diverse Gemüsesorten, die zunächst in Fett angeröstet werden (das gibt Aroma), dann in Brühe gedünstet und schließlich mit einem Pürierstab zu einer cremigen Suppe verarbeitet werden. Sie müssen übrigens nicht die ganze Suppe pürieren. Wer gerne die Struktur der Zutaten spüren möchte, nimmt mit einem Schaumlöffel etwas gegartes Gemüse aus dem Topf, ehe er die Suppe püriert. Das Gemüse dann wieder dazugeben. Eine Alternative zum Pürieren ist es, die heiße

Der Trick beim Legieren:
Das Eigelb wird mit etwas heißer
Suppe angerührt und dann erst in
den Topf gegeben. Die Suppe darf
nicht mehr kochen.

Flüssigkeit mitsamt der gegarten Einlage durch
ein feines Metallsieb zu streichen. So hält man
beispielsweise festere Gemüsebestandteile zurück.
Trotzdem lohnt es sich auch dann, noch kurz den
Pürierstab einzusetzen. Denn dadurch wird die
Suppe gleichzeitig angenehm schaumig. Püree-
suppen werden oft mit Schmelzkäse, Sahne oder
Crème fraîche verfeinert.

Noch zwei Tips zum Servieren von Suppen: Grundsätzlich sollten Sie eine heiße Suppe immer in einer vorgewärmten Terrine auf den Tisch bringen und auf jeden Fall in
vorgewärmte Teller füllen. Denn Suppen kühlen sehr schnell ab und schmecken nur
heiß wirklich gut! Wenn möglich, sollten Sie eine Vorspeisen-Suppe direkt in Teller
und nicht in Suppentassen füllen. Auf einem Teller haben Sie mehr Möglichkeiten zur
Garnierung, zum Beispiel mit frischen Kräutern, Pfeffer oder Crème fraîche, als in
einer Tasse. Außerdem kommen auf einem Teller die Suppeneinlagen besser zur Geltung. Bei einem Büffet mit vielen Gästen kann es allerdings praktischer sein, auf
Suppentassen zurückzugreifen.

Terrinen, Pasteten und Co.

Die pikanten Verwandten der süßen Desserts
sind feine Terrinen. Und Speisen, die mit dem
Anhängsel »mousse« enden, gibt es sowohl unter
den Vorspeisen als auch bei den Desserts. Dieser
Begriff deutet immer auf eine besonders schau-
mige, lockere Creme hin. Eine Creme als Vorspeise können Sie sich nicht vorstellen? Dann sollten
Sie mal die Schinkenmousse mit Spargel auspro-
bieren. Serviert werden diese herzhaften, aber
leichten Kreationen pur oder mit etwas Baguette.
Eine Mousse läßt sich auf der Basis von püriertem
Fisch, feinem Fleisch oder Gemüse herstellen.

Terrinen und Pasteten stammen aus der feinen französischen Vorspeisen-Kultur;
insbesondere die Terrinen halten aber seit einiger Zeit Einzug in der deutschen
Küche. Die klassische Terrine besteht aus einem gewürzten, pürierten Fleischteig
(in der Fachsprache Fleischfarce genannt). Diese Masse wird in eine mit Folie
oder Speckscheiben ausgelegte Form gefüllt, im Backofen gegart und kalt serviert. Heute benutzt man den Begriff Terrine auch für andere cremige Vorspeisen,
beispielsweise auf der Basis von Joghurt, Kräutern und Fisch oder Gemüse, die
nicht gegart werden. Im Gegensatz zu einer Terrine hat eine Pastete eine Teighülle und wird meistens warm serviert.

Ähnlich wie viele süße Cremes erhalten Mousse
und Terrine durch Gelatine ihre Bindung und
müssen einige Stunden im Kühlschrank stehen,
damit sie fest werden. Wenn Sie sich unsicher im
Umgang mit Gelatine fühlen, empfehlen wir
Ihnen, die Tips durchzulesen, die Sie zu Beginn des
Kapitels mit den Dessert-Rezepten finden. Grundsätzlich gilt zum Servieren von Mousse und Terrine
folgendes:

Die Speisen sollten kühl, aber nicht kalt serviert
werden, damit man ihr Aroma gut schmecken

kann. Nehmen Sie eine Mousse oder Terrine eine
halbe Stunde vor dem Servieren aus dem Kühlschrank.

Richten Sie eine Mousse oder Terrine möglichst für
jeden Gast auf einem großen Teller an und reichen
Sie eine oder höchstens zwei Scheiben einer Terrine bzw. eine bis zwei Nocken von einer Mousse
pro Person.

Grundlage für eine Mousse oder
Terrine sind pürierte Gemüse,
Fleisch oder Fisch. Unverzichtbar
zur Herstellung: Ein leistungs-
fähiger Pürierstab mit passendem
Becher.

Als Beigabe zu einer Terrine oder Mousse können
Sie Baguettescheiben reichen.

Wenn Sie gern experimentieren, können Sie die
Terrinen- oder Mousse-Rezepte mit anderen Zutaten abwandeln und dadurch nach eigenem Geschmack Vorspeisen zubereiten, statt einer Schinkenmousse beispielsweise eine Räucherfisch- oder
Forellenmousse.

für 4 Personen

500 g Erdbeeren
1 Bund Radieschen
1 mittelgroße Kohlrabi
etwas Zitronensaft
1 Zwiebel
1 Bund Schnittlauch
250 ml Sahne
etwas Zitronensaft
Salz
Zucker
Pfeffer

Frühlings-Salat

FRÜHLING

Die Erdbeeren waschen, entkelchen und vierteln. Radieschen waschen, Stiel und Wurzeln abschneiden und die Knollen in dünne Scheiben hobeln. Kohlrabi schälen und raspeln; mit etwas Zitronensaft beträufeln. Schnittlauch waschen und in feine Röllchen schneiden. Die Zwiebel schälen und fein würfeln.

Alle Salatzutaten in eine Schüssel geben und vermischen. Die Sahne in eine Rührschüssel geben und mit den Quirlen des Handrührgerätes etwas schaumig schlagen. Mit Zitronensaft und Gewürzen abschmecken und über den Salat gießen. Bis zum Servieren 10 Minuten ziehen lassen.

Tip: Diese erfrischende Vorspeise schmeckt an warmen Tagen besonders gut.

Kohlrabi-Schaumsuppe

für 6 bis 8 Personen

4 mittelgroße Kohlrabi

2 Zwiebeln

2 dicke, weiße Champignons

2 Eßlöffel Butter

750 ml Geflügelbrühe

200 ml Sahne

frisch gemahlener Pfeffer

Salz

Saft von 1 Zitrone oder
Weißwein zum Abschmecken

200 g gekochter Schinken
als Einlage

Die Kohlrabi schälen und eine halbe Knolle beiseite legen. Die übrigen Kohlrabiknollen in Würfel schneiden, Zwiebeln schälen, Champignons putzen, beides fein würfeln. In einem Suppentopf die Butter zerlassen. Zwiebel- und Champignonwürfel darin andünsten. Dann die Kohlrabiwürfel dazugeben und kurz mitdünsten. Die Brühe auf das Gemüse gießen, den Deckel auf den Topf setzen und das Gemüse 20 Minuten bei mittlerer Hitze garen.

Anschließend die Sahne unterrühren und die Suppe mit einem Pürierstab oder im Mixer pürieren. Mit Salz, Pfeffer, Zitronensaft oder Wein abschmecken. Den Kochschinken in Streifen schneiden. Die restliche halbe Kohlrabi in feine Streifen schneiden. In einem kleinen Topf Salzwasser zum Kochen bringen und die Kohlrabistreifen darin kurz blanchieren. Dann abtropfen lassen.

Die Suppe in vorgewärmte Teller füllen. Mit Kohlrabistreifen und Schinkenstreifen garnieren.

FRÜHLING

für 6 bis 8 Personen

3 Blatt weiße Gelatine

200 g magerer,
gekochter Schinken

8 Eßlöffel Fleischbrühe

200 ml süße Sahne

18 bis 24 längere
Spargelspitzen

6 Eßlöffel Öl

6 Eßlöffel Sherry

einige Tropfen Essig-Essenz

frisch gemahlener Pfeffer

Salz

1/2 Bund Kerbel

Schinkenmousse mit Spargel

Gelatine in einem tiefen Teller mit kaltem Wasser 10 Minuten einweichen. Den Schinken würfeln, mit der Fleischbrühe (kalt oder warm) vermischen und mit einem Schneidestab oder Mixer pürieren. Die Gelatine ausdrücken und in einem Topf auf dem Herd oder in der Mikrowelle (300 W, 15 bis 30 Sekunden) erwärmen, so daß sie sich auflöst. Die aufgelöste Gelatine unter die Schinkenmasse mischen.

Sahne steif schlagen, ebenfalls vorsichtig unterheben. Die Schinkenmousse in den Kühlschrank stellen. Die Spargelspitzen schälen und 10 Minuten in kochendem Salzwasser garen. Danach in kaltem Wasser abschrecken und gut abtropfen lassen. Aus Sherry, Essig-Essenz, Öl, etwas Salz, Pfeffer und gehacktem Kerbel eine Soße rühren. Einige Kerbelblätter zum Garnieren beiseite legen.

Pro Person jeweils drei bis vier längere Spargelspitzen fächerförmig auf einen Eßteller legen. Von der Schinkenmousse mit einem Eßlöffel Portionen abstechen und dazu legen. Spargel mit der Soße übergießen. Die Vorspeise mit Kerbelblättern garnieren.

für 6 Personen

1 Salatgurke

30 g Butter

1 große Zwiebel

1 l Gemüse- oder Fleisch-
brühe

50 g Schmelzkäse

Pfeffer

etwas Zitronensaft

frischer, gehackter Dill

1 Becher Crème fraîche
oder Sahne

Gurkensuppe

Die Gurke schälen, halbieren und die Kerne mit einem Teelöffel ausschaben. Das Fruchtfleisch in fingerdicke Stücke schneiden. Die Zwiebel schälen und fein hacken. Butter in einen Suppentopf zerlassen. Zwiebelwürfel und Gurkenstücke zufügen und andünsten. Die Brühe dazugießen und das Ganze 10 Minuten bei mäßiger Hitze köcheln lassen. Die Gurken müssen noch »Biß« haben.

Schmelzkäse in kleine Stücke schneiden, in die Suppe geben und darin schmelzen lassen. Mit Zitronensaft und Pfeffer abschmecken. Kurz vor dem Servieren Crème fraîche oder Sahne unter die Suppe rühren. Als Garnierung gehackten Dill aufstreuen.

Tip: Sie können die Suppe durch Zugabe von Krabben oder Lachsstreifen verfeinern.

Spargel in Blätterteighülle

für 10 Personen

5 rechteckige Scheiben
Tiefkühl-Blätterteig (300 g)

1 kg Grünspargel

250 g Kochschinken

100 g Schinkenspeck

1 Zwiebel

1 Eßlöffel Butter

1 Eßlöffel Mehl

1/4 l Kochsud vom Spargel

1/4 l Sahne

Salz

Pfeffer

1 Eigelb

Die Blätterteig-Scheiben nebeneinander auf eine Arbeitsfläche legen und 20 bis 30 Minuten auftauen lassen. Den Backofen auf 200 °C vorheizen. Die Teigscheiben dann einmal durchschneiden, so daß Quadrate entstehen. Diese Quadrate nicht ausrollen, sondern direkt auf ein mit Backpapier belegtes Backblech legen. Mit verquirltem Eigelb bestreichen und im vorgeheizten Backofen etwa 20 Minuten backen. Für die Füllung den Grünspargel im unteren Bereich der Stiele schälen und in 3 cm lange Stücke schneiden. Das Gemüse in Salzwasser etwa 5 bis 8 Minuten kochen.

In der Zwischenzeit den Schinkenspeck und den Kochschinken in kleine Würfel schneiden. Die Zwiebel schälen und würfeln. Den Spargel zum Abtropfen auf ein Sieb schütten und den Kochsud auffangen. Das Gemüse dann warmhalten und 1/4 l von dem Kochsud abmessen. Nun eine Soße aus dem Spargelsud herstellen. Dazu Butter in einem Topf erhitzen und Schinkenspeck sowie Zwiebelwürfel darin andünsten. Dann das Mehl unter Rühren überstäuben und so lange unter Rühren erhitzen, bis das Mehl eine hellgelbe Farbe hat. Dann den Spargelsud unter Rühren zugießen und anschließend auch die Sahne zugießen. Die Soße kurz aufkochen lassen, mit Salz und Pfeffer würzen.

Um die Vorspeise anzurichten, von den Blätterteig-Quadraten vorsichtig kleine Deckel abschneiden. Spargelstücke und den kleingeschnittenen Kochschinken in das untere Teigstück geben und mit der Soße übergießen. Deckel aufsetzen und die Pasteten sofort servieren.

Tip: Sie können die Pastetchen einige Stunden oder auch am Vorabend vor dem Servieren backen. Den Spargel für die Füllung bereiten Sie am besten frisch zu.

für 6 bis 8 Personen

100 g Butter

3 frisch geräucherte Forellen
(beim Einkauf Kopf und Gräten entfernen lassen, diese
aber mitnehmen)

2 Stangen Porree
(nur die hellen Teile)

1 Stange Staudensellerie

1 Zwiebel

2 Eßlöffel Margarine

1 Lorbeerblatt

etwas Salz

1 Teelöffel weiße Pfefferkörner

1 Teelöffel schwarze Pfefferkörner

1/2 Zitrone

3/4 l Wasser

1/2 l Sahne

2 Eigelb

Zitronensaft oder Weißwein

2 Eßlöffel Mandelblättchen
und Dill zum Garnieren

Aus Gräten, Köpfen und Haut
der geräucherten Forellen läßt
sich ein aromatischer Fond
zubereiten.

Forellenrahmsuppe

Die Butter aus dem Kühlschrank nehmen, in
kleine Würfel schneiden und diese mindestens
für 1 Stunde ins Gefrierfach legen. Aus den Forel-
lenköpfen, den Gräten und der Haut der Fische
wird zunächst ein Fond gekocht. Dazu Forellen-
köpfe von Augen und Kiemen befreien. Die Gräten
grob hacken. Die Haut von den Forellenfilets abziehen. Porree und Staudensellerie putzen und in
feine Ringe schneiden. Zwiebel schälen und würfeln. Die Zitronenhälfte schälen und in Scheiben
schneiden.

Margarine in einem Suppentopf erhitzen und die
vorbereiteten Fischreste sowie das zerkleinerte
Gemüse darin andünsten. Mit 3/4 l Wasser auffüllen. Zitronenscheiben und Gewürze hinzufügen.
Das Ganze 20 Minuten leicht köcheln lassen. Den
Fischfond dann durch ein feines Sieb in einen Topf
gießen, dabei leicht auspressen. Die Forellenfilets
in mundgerechte Stücke zupfen. Etwa die Hälfte
in den Topf zu dem Fischfond geben und pürieren.
Sahne bis auf 2 Eßlöffel in den Topf gießen und die
Suppe kurz aufkochen lassen.

Um die Suppe zu binden, die eisgekühlten Butterwürfel mit einem Schneebesen nach und nach unter
die heiße, aber nicht mehr kochende Suppe schlagen. Die zurückgehaltene Sahne mit den beiden
Eigelb verrühren. Etwas heiße Suppe unter die Ei-
gelb-Sahne-Mischung rühren und die angewärmte
Masse dann in die Suppe einrühren. Die restlichen
Forellenfilet-Stückchen in die Suppe geben und
diese mit wenig Salz, Zitronensaft oder Wein abschmecken und nicht mehr kochen lassen. Mit
gerösteten Mandelblättchen und Dill garnieren.

Kleine Kartoffeln mit Lachshaube

16 bis 20 frische
kleine Kartoffeln

200 g geräucherter Lachs
in Scheiben

2 bis 3 rote Zwiebeln

1 bis 2 Eßlöffel
feingeschnittener Dill

1 bis 2 Eßlöffel
Balsamico-Essig

1 Eßlöffel Öl

frisch gemahlener Pfeffer

SOMMER

Die Kartoffeln gründlich waschen und ungeschält in Salzwasser garen. Eventuell pellen; wenn die Schalen jedoch noch zart sind, müssen die Kartoffeln nicht gepellt werden. Die abgekühlten Kartoffeln waagerecht halbieren und mit Messer und Teelöffel leicht aushöhlen.

Den Lachs in sehr feine Stückchen schneiden. Zwiebeln schälen und sehr fein würfeln. Beides zusammen in eine Schüssel geben und mit Dill, Essig, Öl und Pfeffer abschmecken. Die Lachsmasse mit einem Teelöffel auf die halbierten Kartoffeln geben. Die Kartoffeln auf einer Platte mit Salatblättern oder Dillsträußchen anrichten.

Tip: Balsamico-Essig – auch unter der Bezeichnung Balsam-Essig oder der italienischen Bezeichnung »Aceto Balsamico« bekannt – ist ein besonders feiner und milder Essig, der aus Traubenmost durch langjährige Reifung hergestellt wird. Dieser aromatische Essig ist auch zum Anmachen von Blattsalaten sehr zu empfehlen.

für 6 bis 8 Personen

500 g junge Möhren

5 Eßlöffel Öl
(am besten Olivenöl)

Salz

Zucker

1 unbehandelte Zitrone

12 bis 16 Scheiben roher
Schinken (entsprechend der
Anzahl der Möhren)

1 Bund Basilikum

Pfeffer aus der Mühle

Tip: Die »versteckten«
Möhren schmecken auch als
leichte Beilage zu gegrilltem
Fleisch.

Versteckte Möhren

SOMMER

Das Grün der Möhren bis auf etwa 3 cm abschneiden. Die Möhren waschen und schrappen. Das Öl in einem breiten, flachen Topf erhitzen
und die Möhren darin andünsten. Mit Salz und
etwas Zucker würzen und zugedeckt im eigenen
Saft bei milder Hitze etwa 10 Minuten (je nach
Dicke) garen. Dabei gelegentlich wenden.

Die Zitrone abwaschen, trockenreiben und die
Schale fein abraspeln. Den Saft auspressen. Schale
und Saft über die gegarten Möhren geben. Das
Gemüse im Topf erkalten lassen. Basilikumblätter
von den Stielen zupfen und die Hälfte mit der
Schere kleinschneiden. Über die erkalteten Möh-
ren streuen. Die Möhren mit jeweils ein bis zwei
Basilikumblättern in eine Scheibe Schinken
wickeln und auf Tellern oder auf einer großen
Platte anrichten. Mit dem verbliebenen Kochsud
beträufeln und mit frisch gemahlenem schwarzem
Pfeffer bestreuen.

Jeweils eine Scheibe Schinken ausbreiten und darin eine
Möhre mit zwei Basilikumblättern einwickeln. Dabei die
grünen Enden und Möhrenspitzen herausschauen lassen.

Petersilien-Terrine

für 6 bis 8 Personen

- 1,5 Päckchen weiße Gelatine (oder 9 Blatt Gelatine)
- 100 bis 125 g glatte Petersilie
- 1 Zwiebel
- 500 g Joghurt
- etwas Salz
- frisch gemahlener Pfeffer
- 1 Teelöffel Kräuterbutter-Aromasalz
- 200 ml Sahne

SOMMER

Blattgelatine in einem Teller mit kaltem Wasser einweichen. Pulvergelatine mit 4 bis 6 Eßlöffeln kaltem Wasser anrühren und 10 Minuten quellen lassen. Eine Kastenform leicht mit Öl auspinseln und mit Klarsichtfolie auslegen. Die Petersilie waschen, gut abtropfen lassen; einige Zweige in die Kastenform legen. Die Zwiebel schälen und grob hacken. Joghurt, Salz, Pfeffer, Kräuterbutter-Aromasalz und Petersilie sowie Zwiebel in eine Rührschüssel geben und mit dem Pürierstab zerkleinern.

Die Gelatine auflösen. Das heißt: Blattgelatine ausdrücken, in eine Tasse geben und in der Mikrowelle bei 300 bis 400 Watt für 30 bis 40 Sekunden vorsichtig erwärmen. Die angerührte Pulvergelatine ebenso auflösen. Man kann die Gelatine auch in einem Topf auf dem Herd vorsichtig erwärmen und so auflösen. Wichtig: Gelatine darf niemals kochen, dann verliert sie ihre Bindekraft. Die aufgelöste Gelatine dann in die Joghurt-Petersilienmasse einrühren und diese anschließend kühl stellen.

In der Zwischenzeit die Sahne steif schlagen. Wenn die Petersiliencreme beginnt zu gelieren, hebt man die Sahne unter. Die Masse in die vorbereitete Kastenform füllen und einige Stunden im Kühlschrank fest werden lassen. Dann auf eine glatte Platte stürzen und die Folie abziehen. Zum Servieren richten Sie für jede Person auf einem flachen Eßteller ein bis zwei Scheiben von der Terrine an. Dazu reichen Sie Baguette. Für ein Büffet können Sie die Petersilien-Terrine in Scheiben geschnitten auf einer großen Platte anrichten und mit Petersiliensträußchen und eventuell Tomatenachteln garnieren.

Die Joghurt-Petersilienmasse wird in die vorbereitete Kastenform gefüllt.

Tip: Verwenden Sie für diese Vorspeise möglichst Petersilie mit glatten Blättern. Sie hat ein intensiveres Aroma als krause Petersilie.

für 6 bis 8 Personen

4 Eßlöffel Olivenöl

4 Zwiebeln

2 Knoblauchzehen

je 1 rote und gelbe
Paprikaschote

1,5 kg vollreife Tomaten

600 ml Gemüsebrühe

150 g Tomatenmark

Salz

Pfeffer

eventuell etwas Sojasoße

1/2 Salatgurke

1 Scheibe Weiß-
oder Graubrot

1 Eßlöffel Olivenöl

75 ml Sahne

Pikante Tomatenkaltschale

SOMMER

Zwiebeln und Knoblauchzehen schälen und würfeln. Paprikaschoten waschen, putzen und in Würfel schneiden. Tomaten waschen, in Stücke schneiden und den Stielansatz entfernen. In einem Suppentopf das Olivenöl erhitzen. Darin zunächst die Zwiebeln kräftig andünsten. Dann Knoblauchzehen und jeweils die Hälfte der roten und gelben Parikawürfel zufügen. Alles unter Rühren andünsten. Dann die Tomatenstücke zufügen und andünsten. Schließlich die Brühe aufgießen, einen Deckel auf den Topf setzen und die Suppe 15 Minuten bei mäßiger Hitze kochen lassen.

Die restlichen Paprikawürfel in eine Schüssel geben und beiseite stellen. Sie dienen später als Suppeneinlage. Tomatenmark in die Suppe einrühren und diese mit Salz, Pfeffer und eventuell etwas Sojasoße abschmecken. Die Suppe dann durch ein feines Metallsieb streichen, damit die Tomaten- und Paprikaschalen zurückbleiben. Die Suppe nun für einige Stunden in den Kühlschrank stellen.

Für die Suppeneinlage die Brotscheibe entrinden und in Würfel schneiden. Olivenöl in einer Pfanne erhitzen und die Brotwürfel darin andünsten. Dann abkühlen lassen. Die Salatgurke in Würfel schneiden. Mit den Paprika- und den Brotwürfeln mischen. Die Suppe wird gut gekühlt in Tassen oder auf Tellern serviert. Jede Portion mit einem Schuß flüssiger Sahne verfeinern. Das Gemüse für die Einlage separat dazu servieren.

Tip: Reichen Sie zu dieser Kaltschale knuspriges Baguette und selbstgemachte Kräuterbutter.

Überbackene Champignonköpfe

12 bis 16 mittelgroße
Champignons

Füllung 1:

1 mittelgroße Zwiebel

etwas Butterschmalz
oder Margarine

1 Eßlöffel saure Sahne

1 Bund Petersilie

100 g geriebener Käse

Salz

Pfeffer

Füllung 2:

200 g Kräuterfrischkäse

1 Zwiebel

1 Eigelb

Salz

Pfeffer

je 1/2 Bund Thymian
und Majoran

Die Champignons mit einem Küchenpinsel
säubern, die Stiele herauslösen und die Köpfe
in eine gefettete Form setzen. Den Backofen auf
200 °C vorheizen. Eine der beiden Füllungen zubereiten.

Für Füllung 1 die Pilzstiele fein hacken. Die Zwiebel schälen und fein hacken. Butterschmalz oder
Margarine in einem Topf erhitzen und Zwiebel-
sowie Pilzwürfel darin erhitzen und andünsten.
Saure Sahne, feingehackte Petersilie und den
geriebenen Käse unterrühren. Mit Salz und frisch
gemahlenem Pfeffer würzen. Diese Masse in die
Pilzköpfe füllen. Die Champignonköpfe im vorgeheizten Backofen etwa 20 Minuten überbacken.

Für Füllung 2 die Pilzstiele fein hacken. Zwiebel
schälen und fein hacken. Beides in eine Schüssel
geben und zusammen mit dem Frischkäse, dem
Eigelb, Gewürzen und feingehackten Kräutern
verrühren. Die Füllung in die Pilzköpfe geben und
diese etwa 20 Minuten im vorgeheizten Backofen
überbacken.

Entweder alle Champignonköpfe zusammen auf
einer großen Platte anrichten oder jeweils 2 Champignonköpfe pro Person auf einem Eßteller servieren.

Die Champignons werden mit
einem sauberen Küchenpinsel
gereinigt.

für 8 Personen

- 200 g Kartoffeln
- 1 Stange Porree
- 250 g frische Champignons
- 1/2 Fenchelknolle
- 1 Zwiebel
- 2 Eßlöffel Butter
- 1 l Geflügelbrühe
- 2 Eßlöffel frische gehackte Kräuter nach Geschmack
- Salz
- Pfeffer
- Ingwerpulver
- Muskat
- 1/8 l Sahne

Feine Gemüsecremesuppe

HERBST

Kartoffeln schälen und in Scheiben schneiden. Porree putzen, waschen und in Ringe schneiden; ein wenig von den weißen Porreeringen beiseite stellen. Champignons putzen und in Scheiben schneiden. Fenchel putzen und in Streifen schneiden. Zwiebel schälen und würfeln.

Die Butter in einem Suppentopf erhitzen und das vorbereitete Gemüse hineingeben. Ingwerpulver darüber stäuben und alles unter Rühren 2 bis 3 Minuten andünsten. Dann die Geflügelbrühe dazugießen und den Deckel auf den Topf setzen. Das Gemüse bei mittlerer Hitze 20 bis 30 Minuten garen.

Mit einem Schöpflöffel ein wenig Gemüse aus dem Topf nehmen und als Einlage beiseite stellen. Die Suppe mit einem Pürierstab pürieren. Dann das gegarte Gemüse wieder in die Suppe geben. 1 Eßlöffel Kräuter und die Sahne unterrühren. Die Suppe mit Salz, Pfeffer und Muskat abschmecken.

Die Suppe in vorgewärmte Teller oder Suppentassen füllen und mit den zurückgestellten weißen Porreeringen sowie den restlichen gehackten Kräutern garnieren.

Tip: Ingwerpulver wird aus der getrockneten, gemahlenen Ingwerwurzel hergestellt, die in Südostasien und Südamerika wächst. Ätherische Öle geben dem Ingwer sein scharf-brennendes Aroma. Das Gewürz paßt gut zu allen süß-sauren Gerichten, findet aber auch Verwendung bei der Herstellung von Wurst- und Backwaren.

Klare Wildsuppe

für 8 Personen

1 kg gemischte
Wildknochen (Haar- und
Federwild)

etwas Fett zum Braten

1 Stück Sellerieknolle

1 Stange Poree

1 Möhre

1 Zwiebel

4 Wacholderbeeren

6 Pfefferkörner

1 Lorbeerblatt

etwas frischer Thymian
und Rosmarin

1 1/2 l Wasser

Salz

Pfeffer

Madeira zum Abschmecken

Sellerie und Möhre schälen und grob zerkleinern. Porree waschen, putzen und in grobe Stücke schneiden. Fett in einem Suppentopf erhitzen und die Wildknochen darin kräftig anbraten. Mit Salz und Pfeffer würzen. Das Gemüse sowie Gewürze und Kräuter zufügen. Das Wasser zugießen und die Suppe zum Kochen bringen. Etwa 2 Stunden bei schwacher Hitze kochen lassen.

Die Brühe anschließend durch ein Sieb gießen. Falls sie sehr fett ist, mit etwas Küchenpapier die oben schwimmenden Fettaugen abnehmen. Nochmals aufkochen lassen und mit Madeira, Salz und Pfeffer abschmecken. Als Einlage etwas Wildfleisch (von den gekochten Knochen entfernen oder separat garen) in die Suppe geben.

Tip: Diese Suppe läßt sich sehr gut vorbereiten, die Einlage gibt man dann erst beim späteren Aufwärmen in die Suppe. Allerdings müssen Sie darauf achten, daß die Suppe nach der Zubereitung sehr schnell abkühlt und kühl steht. Stellen Sie den Topf deshalb auf ein Kuchengitter und setzen Sie den Deckel höchstens schräg auf den Topf.

Apfel-Kartoffelcremesuppe

für 6 Personen

500 g Kartoffeln
(geschält gewogen)

150 g mittelgroße Zwiebeln

3 dicke Äpfel (500 g)

1/2 l kräftige Instantbrühe
(doppelte Anzahl Brühwürfel
als normal)

1 Eßlöffel Margarine

150 g geräucherter durch-
wachsener Speck

3/8 l Weiß- oder Apfelwein

9 Pimentkörner

1/2 Teelöffel rote
Pfefferkörner

1/2 Teelöffel schwarzer
geschroteter Pfeffer

1/2 Teelöffel Salz

250 ml Sahne

etwas Weißwein oder
Calvados (Apfelbranntwein)
nach Geschmack

Die Kartoffeln in Würfel schneiden. Zusammen mit der Brühe in einen Topf geben und 15 bis 20 Minuten garen. Die Zwiebeln schälen und würfeln. Den Speck in feine Streifen schneiden.

In einem großen Suppentopf die Margarine schmelzen und den Speck darin auslassen. Kleingewürfelte Zwiebeln kurz mitdünsten. Wein zugießen. Gewürze zufügen, den Deckel auf den Topf setzen und das Ganze 15 Minuten leicht köcheln lassen. Die gegarten Kartoffeln in der Brühe mit einem Mixstab pürieren. Die pürierten Kartoffeln und die Sahne zu der Speck-Zwiebel-Mischung in den Topf geben.

Die Äpfel schälen, vierteln, die Kerngehäuse entfernen und das Fruchtfleisch in Spalten schneiden. Die Spalten in einen Topf geben, etwas Apfel- oder Weißwein angießen und das Ganze zum Kochen bringen und in etwa 3 Minuten bißfest garen. Man kann die Apfelspalten auch in der Mikrowelle bei höchster Leistungsstufe 3 Minuten garen.

Die Apfelspalten kurz vor dem Servieren in die Suppe geben und diese mit einem Schuß Calvados abschmecken.

Tip: Falls Sie für die Suppeneinlage Äpfel mit zarter, glatter Schale verwenden, müssen diese nicht geschält werden. Die Pimentkörner können – ebenso wie die Pfefferkörner – mitgegessen werden. Piment wird auch Nelkenpfeffer genannt; sein Duft ähnelt dem von Nelken und Zimt, außerdem haben die Körner die Schärfe des Pfeffers.

für 6 Personen

Für die Suppe:

1 kg Wildknochen und Wildfleischreste

Fett zum Braten

1 Bund Suppengemüse

Salz

Pfeffer

4 Wacholderbeeren

2 Lorbeerblätter

1 1/2 l Wasser

1/8 l Sahne

1/8 l Crème fraîche

als Einlage:

200 g Steinpilze oder Pfifferlinge (frisch oder aus der Dose)

etwas gegartes gewürfeltes Wildfleisch

Wildrahmsuppe

HERBST

Das Suppengemüse putzen und grob zerkleinern. Das Fett in einem Suppentopf erhitzen und die Knochen und das Wildfleisch kräftig anbraten. Suppengemüse, zerdrückte Wacholderbeeren, Lorbeerblätter und Salz dazugeben und mit dem Wasser auffüllen.

Die Suppe 1 1/2 Stunden bei mäßiger Hitze kochen lassen. Die Flüssigkeit dann durch ein feines Metallsieb streichen, also passieren.

Die Suppe mit Sahne und Crème fraîche verfeinern und abschmecken. Als Suppeneinlage Wildfleischwürfel und Steinpilze oder Pfifferlinge vorbereiten. Die Pilze in dünne Scheiben schneiden oder halbieren und mit den Fleischwürfeln in die Suppe geben und einige Minuten ziehen lassen. Die Suppe dann in vorgewärmte Teller oder Suppentassen füllen und servieren.

Tip: Die angegebene Flüssigkeitsmenge mag auf den ersten Blick für 6 Personen reichlich erscheinen. Aber da die Suppe recht lange kochen muß, verdampft viel Flüssigkeit, so daß die Menge nach Ende der Garzeit genau passend ist. Diese Suppe kann auch als klare Wildsuppe zubereitet werden. Dann läßt man Sahne und Crème fraîche weg und verfeinert mit Rotwein.

für 4 Personen

60 g Paranüsse
(geschält gewogen)

30 g Butter

20 g Mehl

3/4 l Hühnerbrühe

1/4 l Sahne

1/8 l Weißwein

1 Eigelb

Salz

Pfeffer

Worcestersoße

50 g Kochschinken

Petersilie

Pikante Nußsuppe

WINTER

Die Nüsse fein hacken und 1 Eßlöffel gehackte Nüsse zum Garnieren beiseite stellen. Butter in einem Suppentopf erhitzen und die Nüsse darin leicht anrösten. Das Mehl unter Rühren über die Nüsse stäuben und miterhitzen. Dann den Kochtopf von der Platte nehmen und die Brühe unter Rühren zugießen. Topf wieder auf die heiße Platte stellen und die Suppe zum Kochen bringen. Kurz aufkochen lassen.

Nun wird die Suppe mit Eigelb und Sahne legiert, das heißt, sämig gemacht. Das funktioniert folgendermaßen: Das Eigelb mit wenig Sahne verquirlen. Ein bis zwei Eßlöffel heiße Suppe unter die Eiersahne rühren, damit sie sich langsam erwärmt. Das Ganze dann vorsichtig in die nicht mehr kochende Suppe einrühren. Wichtig ist, daß die Suppe nach dem Legieren nicht mehr kocht, sonst gerinnt das Eigelb.

Schinken in kleine Würfel schneiden, Petersilie fein hacken und mit der restlichen Sahne und dem Wein zur Suppe geben. Die Suppe pikant abschmecken und in vorgewärmte Teller oder Suppentassen füllen. Mit gehackten Nüssen bestreuen.

für 6 bis 8 Personen

6 Blatt Gelatine

200 g geräucherter Lachs

3 hartgekochte Eier

200 g Schmand

200 g Joghurt oder Dickmilch

100 g Mayonnaise

25 g Dill
(frisch oder tiefgefroren)

1 mittelgroße Zwiebel

1 Teelöffel rotes Johannisbeergelee

frisch gemahlener Pfeffer

1 Prise Salz

1 Eßlöffel geriebener
Meerrettich

Lachs-Terrine

WINTER

Die Gelatineblätter in einem tiefen Teller mit kaltem Wasser einweichen. Eine Kastenform leicht mit Öl auspinseln und mit Klarsichtfolie auslegen. Eier pellen und in feine Würfel schneiden, ebenso die Zwiebel. Den Lachs fein würfeln. Dill waschen, abtropfen lassen und fein hacken. Mayonnaise, Dickmilch oder Joghurt, Schmand, Dill, Zwiebelwürfel, Johannisbeergelee, Meerrettich und Gewürze miteinander verrühren. Die Gelatineblätter ausdrücken und in einem Topf bei schwacher Hitze oder in der Mikrowelle bei 300 bis 400 W für 30 bis 40 Sekunden erwärmen, damit sie sich auflöst. Die Gelatine dann unter die Mayonnaise-Joghurt-Masse rühren und diese kalt stellen, damit sie geliert. Das passiert übrigens sehr schnell, also nicht zu lange mit dem Nachschauen warten!

Wenn die Joghurt-Mayonnaise-Masse beginnt zu gelieren, Lachs und Eiwürfel unterheben. Die Lachsmasse in die vorbereitete Kastenform einfüllen und für einige Stunden in den Kühlschrank stellen. Die Terrine zum Servieren auf eine Platte stürzen, die Folie abziehen und die Masse in Scheiben schneiden. Auf Eßtellern anrichten und mit Dillsträußchen garnieren.

Tip: Als Terrine bezeichnet man pastetenartige Vorspeisen, die kalt oder warm serviert werden können.

Feldsalat mit Joghurt-Specksoße

für 6 bis 8 Personen

300 g Feldsalat

400 g Vollmilchjoghurt

1 mittelgroße Zwiebel

2 Eßlöffel Zucker

1/2 Teelöffel Salz

2 Teelöffel Essig-Essenz

5 Eßlöffel Öl

3 gehäufte Eßlöffel gewürfelter geräucherter fetter Speck

2 rote Zwiebeln

WINTER

Feldsalat gründlich waschen und gut abtropfen lassen, am besten trockenschleudern. Die Zwiebel schälen, sehr fein hacken und mit Joghurt, Zucker, Salz, Essig-Essenz und Öl verrühren. Den Speck in einer Pfanne oder in der Mikrowelle langsam auslassen. Die beiden roten Zwiebeln schälen, fein hacken, zum Speck geben und kurz miterhitzen.

Den Feldsalat locker auf große Teller geben und mit reichlich Joghurt-Soße übergießen. Den heißen, ausgelassenen Speck mit den Zwiebeln darüber geben und sofort servieren.

Tip: Rote Zwiebeln sind nicht nur ein schöner Blickfang, sondern haben ein angenehmes, mild-würziges Aroma. Daher sind sie die ideale Zutat für Salate.

für 8 Personen

100 g Walnußkerne

800 g Rote-Bete-Knollen

4 Äpfel

für die Salatsoße:

5 Eßlöffel Balsamico-Essig

Salz

frischgemahlener
schwarzer Pfeffer

12 Eßlöffel Öl

Rote-Bete-Salat mit Äpfeln und Nüssen

WINTER

Die Walnußkerne in einer Pfanne ohne Fett anrösten, bis sie duften. Die Rote-Bete-Knollen schälen und auf einer Reibe oder mit der Küchenmaschine grob raffeln. Die Äpfel schälen, vierteln, die Kerngehäuse entfernen und das Fruchtfleisch würfeln.

Apfelstückchen und Walnußkerne unter die geraffelten Rote Bete geben. Für die Soße den Essig mit Salz und Pfeffer verrühren. Das Öl unter ständigem Rühren zugießen, bis die Soße eine cremige Beschaffenheit hat. Die Soße dann über den Salat gießen und diesen durchmengen.

Den Salat einige Stunden durchziehen lassen. Er läßt sich auch gut am Tag vor dem Verzehr zubereiten und wird dann an einem kühlen Ort bis zum Servieren aufbewahrt.

Tip: Frischgemahlener Pfeffer und der aromatische Balsamico-Essig, der aus der italienischen Provinz Modena stammt, geben der Salatsoße eine feine Würze.

für 6 bis 8 Personen

Für die Suppe:

1 Eßlöffel Butterschmalz
oder Margarine

1 kg Porree

3/4 l kräftige Fleisch-
oder Gemüsebrühe

4 Lorbeerblätter

1 Teelöffel geschroteter
schwarzer Pfeffer

etwas Salz

1 Becher Schmand

200 g Sahne-Schmelzkäse

Für die Käse-Krusteln:

2 mittelgroße Kartoffeln

100 g Gouda

1 Eigelb

Salz

Pfeffer

Muskat

Margarine

Porreesuppe mit Käse-Krusteln

WINTER

Den Porree putzen, waschen und in feine Ringe schneiden. Butterschmalz oder Margarine in einem Suppentopf erhitzen und den Porree darin andünsten. Mit Brühe auffüllen. Lorbeerblätter, Pfefferschrot und Salz hinzufügen. Das Ganze 20 bis 30 Minuten leicht köcheln lassen. Die Suppe dann durch ein feines Metallsieb streichen. Anschließend Schmand und Schmelzkäse unterrühren.

Für die Käse-Krusteln Kartoffeln schälen und raspeln. Den Käse ebenfalls raspeln. Kartoffeln mit der Hand kräftig ausdrücken, mit Käse und Eigelb mischen. Die Masse mit Salz, Pfeffer und Muskat würzen. Von der Masse mit einem Teelöffel kleine Häufchen abstechen und in heißer Margarine in der Pfanne braten.

Die Suppe in vorgewärmte Teller oder Suppentassen füllen und die Käse-Krusteln unmittelbar vor dem Servieren als Einlage in die Suppe geben.

Tip: Statt der Käse-Krusteln können Sie als Einlage auch Kressesträußchen und einige rote Pfefferkörner in die Suppe geben.

Hauptgerichte

Im Mittelpunkt eines Menüs steht das Hauptgericht. Ob Geflügel oder Fisch, Rind- oder Schweinefleisch, Wild oder Lamm: Gefragt sind raffinierte Rezepte, die jedoch nicht zuviel Arbeitsaufwand erfordern, gut vorzubereiten sind und sich auch für eine größere Gästeschar zubereiten lassen. Ideal zur Zubereitung solcher Gerichte ist der Backofen.

Wenig Streß beim Zubereiten und Servieren

Kennen Sie das auch? Sie haben zwar ein leckeres Essen gekocht, aber Ihre Küche sieht aus wie ein »Schlachtfeld«? Manche Gerichte sind leider so aufwendig, daß sich so ein Chaos kaum vermeiden läßt. Doch gerade wenn man Gäste erwartet oder ein gemütliches Festmahl für die Familie ansteht, sollten Sie die Muße haben, das Zusammensein zu genießen. Gerichte, die sofort aus der Pfanne auf den Teller kommen müssen, sind daher ungeeignet. Deshalb finden Sie bei unseren Hauptgerichten keine Vorschläge für Schnitzel, Steaks oder anderes Kurzgebratenes.

Für ein Menü ohne Streß sind alle Gerichte zu empfehlen, die »von allein« garen. Wie das geht? Ganz einfach: im Backofen oder in einem großen Bräter. Sie werden bei den Hauptgerichten auf den folgenden Seiten sehr viele Rezepte für den Backofen finden. Das hat neben der bequemen Handhabung einen weiteren Vorteil: Sie haben die Kochplatten frei und können dort in Ruhe Gemüse, Kartoffeln oder andere Beilagen und Soßen zubereiten.

Natürlich können Sie die Gerichte auch im Backofen nicht stundenlang schmoren lassen. Sie finden bei allen Rezepten genaue Garzeit-Angaben. Dennoch können Sie die meisten Speisen so weit vorbereiten, daß Sie sie nur passend in den Backofen schieben müssen, wenn sich absehen läßt, wann das Hauptgericht serviert werden soll. Muß beispielsweise das Fleisch erst angebraten werden, bevor es im Backofen weitergart, so können Sie das Anbraten schon einige Stunden vorher erledigen, das Fleisch zügig abkühlen lassen und später mit anderen Zutaten in eine feuerfeste Form schichten.

Selbst eine größere »Gästeschar« läßt sich auf
diese Weise problemlos verwöhnen. Neuerdings
findet man in vielen Haushaltsgeschäften große
Edelstahlformen, die den Innenraum des Back-
ofens gut ausfüllen. Darin kann man größere
Portionen Fleisch, Fisch, Geflügel oder Aufläufe
garen. Bei Braten ist dann allerdings der Einsatz
eines Fleischthermometers empfehlenswert, um
den richtigen Garpunkt abzupassen (siehe auch
Kapitel »Nützliche Küchengeräte« auf S. 176).

Sorge haben viele Gastgeber, ob ihr Festmahl schnell genug auf den Tisch kommt, so
daß es auch noch heiß ist. Auch hier gilt: durch gute Vorbereitung haben Sie weniger
Streß. Grundsätzlich sollten Sie die Servierplatte oder -schüssel für ein Hauptgericht
und für warme Beilagen vorwärmen. Wenn möglich, sollten Sie auch die Eßteller für
ein Hauptgericht vorwärmen. Bei vielen Gästen kann das aber zu aufwendig sein.

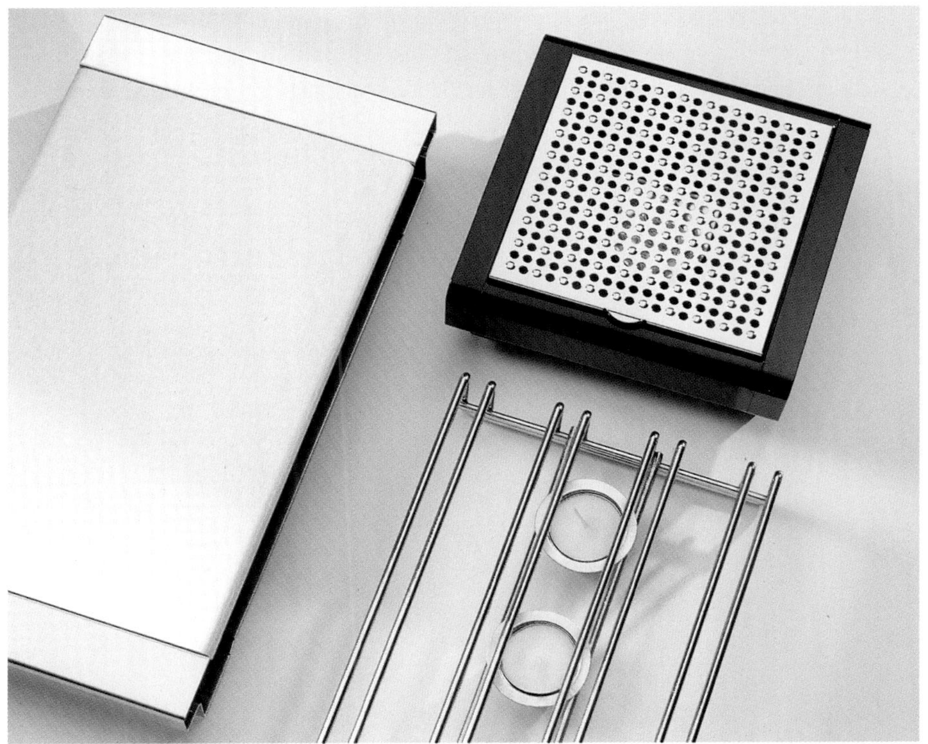

Schöner als elektrisch betriebene Warmhalteplatten sind Speisenwärmer mit Teelichten.
Es gibt sie in verschiedenen Größen und Designs.

Wenig Streß
beim Zubereiten
und Servieren

Wenn Sie den Backofen nicht zum Garen von Speisen benötigen, stellen Sie das Geschirr darin für einige Zeit bei 50 °C warm. Im Umluftbetrieb können Sie auf diese Weise Geschirr auf mehreren Ebenen vorwärmen. Wird der Backofen zum Garen benötigt, schalten Sie den Backofen nach Ende der Garzeit ab und lassen das Gericht für etwa 10 Minuten im Backofen stehen. So können Sie das Geschirr zum Vorwärmen kurz mit in den etwas abgekühlten Backofen stellen. Suppenterrinen kann man zum Vorwärmen mit heißem Wasser füllen. Gemüse- und Kartoffelschüsseln lassen sich kurz über den heißen Kochtopf, in dem die Beilagen garen, stülpen und nehmen dabei Wärme an.

Worauf Sie keinesfalls verzichten sollten, sind Speisenwärmer, auch Rechauds genannt. Sie halten die Speisen bei Tisch durch Teelichte warm, so daß man mit Muße und kleinen Pausen essen kann, ohne vor kalten Speisen zu sitzen. Inzwischen gibt es in vielen Einrichtungsgeschäften sehr schöne Speisenwärmer, die schlicht und edel sind und auf einer festlichen Tafel nicht zu wuchtig wirken.

Auf die richtige Würze kommt es an

Gewürze sind das i-Tüpfelchen der guten Küche.
Sie finden zu vielen Rezepten Hinweise auf spezielle Gewürze und Informationen über ihre Verwendung, zum Beispiel zum Ingwer oder zu rotem
Pfeffer. Grundsätzlich sollten Sie beim Würzen
einige Dinge beachten:

Roter Pfeffer hat ein mild-süßes
Aroma. Weißer Pfeffer würzt mit
milder Schärfe. Schwarzer Pfeffer
ist feurig-scharf. Beim grünen
Pfeffer schmeckt man zuerst die
kräuterähnliche Würze, dann
die Schärfe.

Pfeffer schmeckt am besten, wenn er frisch aus der Mühle kommt. Denn sein Aroma setzt sich aus ätherischen Ölen zusammen, die sich aus den zerkleinerten Körnern schnell verflüchtigen. Zurück bleibt dann nur die Schärfe. Zu vielen Gerichten empfehlen wir geschroteten statt feingemahlenen Pfeffer, weil das Aroma dann noch besser zur Geltung kommt und Pfefferschrot auch dekorativ aussieht. Beim Kochen geht das Pfefferaroma verloren. Deshalb vor dem Garen etwas sparsamer pfeffern und kurz vor dem Servieren eine Spur Pfeffer überstreuen. Schwarzer Pfeffer würzt feurig-scharf; weißer Pfeffer ist milder. Grüner Pfeffer ist gefriergetrocknet und wird als ganzes Korn oder zermörsert zu den Speisen gegeben. Rote Pfefferkörner sind die ausgereiften Früchte des Pfefferstrauches. Schält man sie, entsteht weißer Pfeffer; beide Sorten sind im Aroma ähnlich. Cayennepfeffer paßt übrigens botanisch nicht in diese Kategorie. Denn er ist ein Paprikagewürz und wird aus kleinen, sehr scharfen Chilischoten hergestellt. Er sollte also nur sparsam verwendet werden.

Paprika entfaltet bei milder Hitze in Fett sein volles Aroma. Die verschiedenen Schärfegrade sind: Delikateßpaprika (sehr mild), Edelsüßpaprika (mild), Halbsüßpaprika (würzig), Rosenpaprika (scharf), Scharfpaprika (sehr scharf).

Curry ist eine Mischung aus vielen, zum Teil recht scharfen Gewürzen wie Kurkuma, Kardamom, Pfeffer, Ingwer, Piment, Zimt, Koriander, Muskat und anderen. Schmeckt ein mit Curry gewürztes Gericht bitter, wurde der Curry in zu heißes Fett gegeben, war alt, oder Sie haben eine ungünstige Mischung erwischt.

Zucker, als kleine Prise zugegeben, verstärkt den Eigengeschmack von Würzzutaten und auch von säuerlichen Gemüsen und nimmt allzu großer Schärfe die Spitze.

Sie sollten nicht zu viele verschiedene Gewürze miteinander kombinieren. Sonst kann sich kein besonderes Aroma entfalten. Wichtig ist es auch, ein Gericht nicht sofort zu stark zu würzen, sondern lieber kurz vor dem Servieren abzuschmecken und eventuell gezielt nachzuwürzen.

Frische Kräuter sind in der guten Küche unverzichtbar. Manche lassen sich als mehrjährige Stauden im Garten oder auf dem Balkon ziehen. Andere kann man in kleinen Töpfchen auf der Fensterbank bereit halten. Und wenn Sie mal keine frischen Kräuter parat haben, greifen Sie besser auf tiefgekühlte Ware als auf getrocknete Kräuter zurück.

Die folgende Tabelle zeigt Ihnen, welche Kräuter und Gewürze zu Fisch, Rind- oder Schweinefleisch, Geflügel, Wild oder Lamm passen. Das soll natürlich nur ein Anhaltspunkt sein. Letzten Endes kommt es bei der Auswahl von Kräutern und Gewürzen auf Ihren persönlichen Geschmack und auf die anderen Zutaten eines Gerichtes an.

Kräuter und Gewürze zu verschiedenen Speisen

Rindfleisch	Schweinefleisch	Fisch	Geflügel	Wild	Lamm
Dill	Basilikum	Borretsch	Basilikum	Estragon	Curry
Ingwer	Beifuß	Dill	Beifuß	Koriander	Ingwer
Liebstöckel	Bohnenkraut	Estragon	Bohnenkraut	Lorbeer	Kräuter der Provence
Muskat	Curry	Kerbel	Estragon	Nelken	Majoran
Nelken	Majoran	Rosmarin	Ingwer	Paprika	Minze
Paprika	Rosmarin	Thymian	Kerbel	Rosmarin	Oregano
Piment	Salbei	Zitronenmelisse	Liebstöckel	Salbei	Rosmarin
Rosmarin			Lorbeer	Senfkörner	Thymian
Thymian			Majoran	Wacholder	
			Zitronenmelisse		

Auf Kräuter und Gewürze, die zu fast allen Speisen passen, wurde verzichtet. Dazu zählen Pfeffer, Salz, Petersilie, Schnittlauch und Knoblauch.

Auf die
richtige Würze
kommt es an

Es lohnt sich, verschiedene frische Kräuter im Garten oder auf der Fensterbank heranzuziehen. Richtig eingesetzt, geben sie einem Gericht die ganz besondere Note. Haben Sie bestimmte Pflanzen nicht frisch zur Verfügung, sind tiefgekühlte Kräuter besser im Aroma als getrocknete.

Liebstöckel
Basilikum
Zitronen-melisse
Thymian
Dill
Bohnenkraut

Kasseler im Zwiebelbett

für 6 bis 8 Personen

750 g Zwiebeln
6 Scheiben Kasseler
2 Dosen halbierte Pfirsiche

für die Soße:

40 g Butter
50 g Mehl
1/2 l Milch
150 g Gorgonzola-Käse
300 g geriebener Goudakäse
Salz
Pfeffer nach Geschmack

FRÜHLING

Den Backofen auf 180 °C vorheizen. Zwiebeln schälen und in feine Scheiben schneiden. Die Pfirsiche abtropfen lassen. Eine flache, feuerfeste Form (Durchmesser 30 cm) einfetten und mit den Zwiebelscheiben auslegen. Die Kasselerscheiben daraufgeben. Mit den halben Pfirsichen bedecken. Das Ganze im vorgeheizten Backofen 1 1/2 Stunden mit aufgesetztem Deckel oder abgedeckt mit Alufolie garen.

Inzwischen für die Käsesoße Butter in einem Topf zerlassen. Das Mehl mit einem Küchenlöffel nach und nach unterrühren und unter Rühren miterhitzen. Den Topf von der Kochplatte nehmen. Die Milch nach und nach in den Topf gießen und mit einem Schneebesen unter die Fett-Mehl-Masse rühren. Ist die gesamte Flüssigkeit eingerührt, stellt man den Topf wieder auf die Kochplatte und läßt die Soße unter Rühren aufkochen. Den Käse hineingeben und schmelzen lassen. Eventuell mit Salz und frisch gemahlenem Pfeffer abschmecken.

Die Auflaufform nach Ende der Garzeit aus dem Backofen nehmen. Falls der Auflauf sehr viel Flüssigkeit gezogen hat, etwas davon abgießen. Dann die Käsesoße über die Pfirsiche gießen, das Gericht im Backofen weitere 20 Minuten ohne Deckel oder Alufolie backen. Als Beilagen reicht man Wildreis oder Nudeln und Salat.

200 g Butter

700 g Rinderfilet

1 Eßlöffel Butter

Salz

Pfeffer aus der Mühle

je ein Bund Petersilie, Dill, Schnittlauch

70 g fetter geräucherter Speck

2 Eßlöffel Paniermehl

1 Eßlöffel Butter

1/4 l Rotwein

2 Eßlöffel Sahne

Rinderfilet mit Kräuterkruste

FRÜHLING

Spätestens 1 Stunde bevor Sie mit der Zubereitung dieses Gerichtes beginnen wollen, nehmen Sie die 200 g Butter aus dem Kühlschrank, schneiden sie in kleine Würfel und frieren diese Würfel ein. Das Filet etwa 1/2 Stunde vor dem Zubereiten aus dem Kühlschrank nehmen.

Das Fleisch mit Küchenkrepp abtupfen. Mit Salz und frischgemahlenem Pfeffer würzen. Den Backofen auf 250 °C vorheizen. Einen Bräter mit einem Pinsel ausfetten und das Filet hineinlegen. Die Kräuter waschen, trockentupfen und feinschneiden. Den Speck klein würfeln. Die gehackten Kräuter mit den Speckwürfeln und dem Paniermehl vermischen und gleichmäßig auf dem Filet verteilen. Die Masse mit den Fingern gut festdrücken.

Die Butter in Flöckchen über das Filet verteilen. Das Filet im vorgeheizten Backofen 25 Minuten garen. Dabei nach und nach den Rotwein angießen. Das Filet nach Ende der Garzeit aus dem Backofen nehmen, auf eine vorgewärmte Servierplatte setzen, mit Alufolie abdecken und warmhalten. 1/8 l Bratenflüssigkeit in einen Topf gießen und einkochen, bis nur 1 Eßlöffel Flüssigkeit übrig ist. Die Sahne zufügen und kurz aufkochen lassen.

Um die Soße zu binden, die gefrorenen Butterwürfel mit einem Schneebesen nach und nach unter die Soße schlagen. Die Soße mit Salz und frischgemahlenem Pfeffer abschmecken. Das Filet in Scheiben aufschneiden und mit der Soße servieren.

Als Beilagen sind Kartoffelpüree oder Rösti und feines Gemüse empfehlenswert.

Hähnchenbrust in Apfel-Weinsoße

FRÜHLING

8 Hähnchenbrustfilets
(etwa 1 kg)

Salz

Pfeffer

3 Eßlöffel Butterschmalz
oder Margarine

8 Boskopäpfel mittlerer Größe

2 Lorbeerblätter

einige Wacholderbeeren

1/2 l trockener Weißwein

4 Eßlöffel Crème fraîche

einige Blätter Majoran

1 Teelöffel rote Pfefferkörner

Die Hähnchenbrustfilets mit Salz und Pfeffer würzen. Äpfel schälen, entkernen und achteln. Das Fett in einem Bräter erhitzen und die Hähnchenbrüste darin anbraten.

Die Apfelachtel, Lorbeerblätter und Wacholderbeeren zu dem Fleisch in den Bräter geben. Den Wein angießen. Das Ganze bei mittlerer Hitze 15 bis 20 Minuten garen. Nach Ende der Garzeit das Fleisch aus dem Bräter nehmen und warm stellen. Dann Crème fraîche, einige rote Pfefferkörner und einige gehackte Majoranblätter in den Bräter geben und unter den Bratenfond rühren.

Das Gericht mit Majoranblättern garnieren und mit Kartoffelkroketten oder Reis servieren.

für 4 Personen

1 kg frische Schollenfilets

1/4 Teelöffel Salz

2 Eßlöffel Zitronensaft

Pfeffer

150 g frische oder tief-
gekühlte Krabben

1 Zwiebel

Petersilie

für die Soße:

30 g Butter

20 g Mehl

1/4 l Weißwein

1/4 l Wasser

1 Gemüsebrühwürfel

1 Eigelb

1/8 l Sahne

einige Zitronenscheiben
zum Garnieren

hölzerne Zahnstocher
zum Feststecken

Gefüllte Schollenfilets in Weißweinsoße

Die Schollenfilets nebeneinander auf ein großes Küchenbrett oder auf eine saubere Arbeitsplatte legen, salzen und pfeffern. Zwiebel schälen und fein würfeln. Petersilie waschen, abtropfen lassen und grob hacken. Zwiebelwürfel und Petersilie mit den Krabben verrühren. Diese Mischung auf die Schollenfilets verteilen und glattstreichen.

Die Schollenfilets aufrollen und mit Zahnstochern feststecken.

In einem großen, flachen Topf die Butter erhitzen. Das Mehl nach und nach unter Rühren zufügen und kurz miterhitzen. Den Topf von der Kochplatte nehmen. Wein und Wasser nach und nach mit einem Schneebesen einrühren. Außerdem den Brühwürfel zufügen. Den Topf wieder auf die heiße Kochplatte stellen und die Soße kurz auf-kochen lassen. Die Schollenfilets in den Topf geben, einen Deckel aufsetzen und den Fisch in der Weißweinsoße 15 Minuten bei schwacher Hitze ziehen lassen.

Die gegarten Schollenfilets aus der Soße nehmen, auf eine vorgewärmte Platte geben und warm stellen. Das Eigelb mit etwas heißer Soße in einer Tasse verquirlen und dann in die heiße, aber nicht kochende Soße geben. Außerdem die Sahne unter-rühren. Die Soße abschmecken, über die Schollen-filets gießen und das Gericht mit Zitronenspalten garnieren.

Als Beilage dazu passen frische Kartoffeln und feines Gemüse, am besten Brokkoli, feine Möhren oder frischer Spargel.

1 Lammkeule (gut 1,5 kg)

Salz

frischgemahlener
schwarzer Pfeffer

10 Eßlöffel Olivenöl

5 Knoblauchzehen

10 Wacholderbeeren

2 Zweige Rosmarin

etwas trockener Weißwein

FRÜHLING

Lammkeule

Den Backofen auf 250 °C vorheizen. Die Lammkeule von Fett befreien und mit Salz und Pfeffer einreiben. Die Wacholderbeeren in einem Mörser zerstoßen. Die Knoblauchzehen schälen.

In einem gußeisernen Bräter auf dem Herd das Olivenöl erhitzen und die Lammkeule darin von allen Seiten scharf anbraten. Die zerkleinerten Wacholderbeeren über die Lammkeule streuen. Die Knoblauchzehen in die sich bietenden Fleischtaschen stecken. Rosmarinzweige auf die Keule legen und einen Schuß Weißwein dazugießen.

Den Bräter ohne Deckel in den vorgeheizten Backofen schieben. Nach 30 Minuten Garzeit die Temperatur auf 180 °C herunterschalten. Die Keule zwischendurch immer wieder mit dem Bratenfond aus dem Bräter begießen. Nach weiteren 30 Minuten Schmorzeit ist die Lammkeule gar, aber innen noch rosa. Wer sie lieber durchgebraten mag, verlängert die Garzeit etwas. Den Bräter dann aus dem Backofen nehmen und das Fleisch darin noch 10 Minuten ruhen lassen, damit sich der Fleischsaft gut verteilt. Das Fleisch löst sich sehr gut vom Knochen und wird zum Servieren in Scheiben geschnitten.

Servieren Sie zu der Lammkeule traditionelle Beilagen wie Tomatensalat und gedünstete grüne Bohnen oder versuchen Sie einmal würzigen Rucolasalat (Salatranke) dazu. Kleine Kartoffeln, in Butter und Paniermehl geschwenkt, passen ebenfalls dazu.

1 kg Spargel

1 kg Nackenbraten

Salz

Pfeffer

200 g Frischkäse

Butterschmalz zum Braten

1 Becher Sahne

1 Becher Sauerrahm

Küchengarn oder
Rouladennadeln

Tip: Wenn Sie Gäste er-
warten, können Sie die Spar-
gelrouladen bereits einige
Stunden zuvor anbraten und
die Soße zubereiten und beides
dann beiseite stellen. Später
müssen Sie das Gericht nur
noch in eine Form geben und
überbacken.

Festtags-Auflauf mit Spargel

FRÜHLING

Den Spargel schälen und an den Enden etwas kürzen. Dann in Salzwasser bißfest garen und anschließend abtropfen lassen, dabei den Kochsud auffangen. Den Nackenbraten in rouladendicke Scheiben schneiden. Diese mit Salz und Pfeffer würzen. Jede Bratenscheibe mit 1 Teelöffel Frischkäse bestreichen und mit einigen Spargelstangen belegen. Die Scheiben aufrollen und mit Rouladennadeln feststecken.

Butterschmalz in einer Pfanne erhitzen und die Spargelrollen darin von allen Seiten anbraten. Etwas Spargelsud zugießen, einen Deckel aufsetzen und das Fleisch 10 Minuten bei schwacher Hitze ziehen lassen. Den Backofen auf 200 °C vorheizen. Die Rouladen in eine gefettete Auflaufform legen. Sahne und Sauerrahm in den Bratensatz einrühren, einmal aufkochen lassen, abschmecken. Diese Soße über die Rouladen gießen und das Gericht im Backofen etwa 30 Minuten lang backen. Mit Butterkartoffeln und Salat servieren.

Die Rouladen werden zunächst vorgebraten und dann mit der Sahnemasse überbacken.

Geschichteter Schweinebraten mit Bohnenkraut

für 6 Personen

750 g Schweinebraten

Salz

grob gemahlener schwarzer Pfeffer

2 Eßlöffel Öl

2 Zwiebeln

2 Lorbeerblätter

400 ml Kalbsfond aus dem Glas

1 Bund Bohnenkraut (ersatzweise Basilikum oder Thymian)

4 Eßlöffel Balsamico-Essig

SOMMER

Dieses Gericht muß bereits einen Tag vor dem Servieren zubereitet werden. Dazu zunächst den Backofen auf 250 °C vorheizen. Den Schweinebraten rundherum salzen und pfeffern. Das Öl in einem Bräter erhitzen und das Fleisch darin goldbraun anbraten.

Zwiebeln schälen, würfeln und mit den Lorbeerblättern zum Braten geben.

Den Bräter in den vorgeheizten Backofen schieben und das Fleisch 1 Stunde garen. Zwischendurch mit dem Kalbsfond begießen. Den Braten nach Ende der Garzeit aus dem Bräter nehmen und erkalten lassen. Den Bratenfond durch ein feines Sieb streichen und erkalten lassen.

Den kalten Braten in dünne Scheiben schneiden. Das Bohnenkraut von den Stielen zupfen und fein hacken. Essig und Bratenfond verrühren. Die Fleischscheiben mit grobem Pfeffer bestreuen und abwechselnd mit der Soße und dem Bohnenkraut in eine Schüssel schichten. Zugedeckt etwa 4 bis 5 Stunden kalt stellen.

Der Braten wird als kaltes Gericht serviert. Dazu passen Bratkartoffeln und ein frischer Blatt- oder Rohkostsalat.

Tip: Da sich dieses kalte Fleischgericht sehr gut vorbereiten läßt, ist es ideal für ein Party-Buffet.

Schweinerücken mit Johannisbeersoße

für 4 Personen

Für die Marinade:

1 Zwiebel

1/4 l Himbeeressig

3/4 l Wasser

10 Pfefferkörner

1 Lorbeerblatt

1 kg Schweinerücken

Salz

für die Soße:

350 g rote Johannisbeeren

200 g Crème fraîche

1 Teelöffel Senf

1 Teelöffel abgeriebene Orangenschale

2 Teelöffel Zucker

1/2 Teelöffel Pfeffer

SOMMER

Zwiebel schälen und in Scheiben schneiden. Mit Essig, Wasser und Gewürzen in einen Topf geben, erhitzen und 5 Minuten kochen. Diese Marinade erkalten lassen. Die Fettschicht des Schweinerückens rautenförmig einschneiden. Das Fleisch in eine große Schüssel legen und die Marinade darüber gießen, so daß sie das Fleisch bedeckt. 24 Stunden gut durchziehen lassen und gelegentlich wenden.

Am nächsten Tag den Backofen auf 225 °C vorheizen. Das Fleisch aus der Marinade nehmen, trockentupfen und salzen. Dann in einen Bräter legen und in dem vorgeheizten Backofen 50 bis 60 Minuten garen. Den Braten während der Garzeit mehrmals mit etwas Marinade begießen. Nach Ende der Garzeit den Braten aus dem Topf nehmen und warmstellen.

Für die Soße 300 g Johannisbeeren pürieren und durch ein Sieb streichen. Den Bratenfond aus dem Bräter in einen Topf geben und bis auf etwa 6 Eßlöffel einkochen lassen. Johannisbeerpüree, Crème fraîche, Senf, Orangenschale, Zucker und Gewürze zugeben, aufkochen lassen und abschmecken. Die übrigen Johannisbeeren zur Soße geben und diese zum aufgeschnittenen Braten servieren. Als Beilage passen Kartoffelkroketten und feines Gemüse.

Tip: Himbeeressig läßt sich übrigens leicht selbst herstellen. Sie brauchen dazu 250 g reife Himbeeren und 1/4 l Weißweinessig. Die sorgfältig verlesenen, nicht gewaschenen Früchte gibt man mit dem Essig in ein Glasgefäß, verschließt dieses und läßt das Ganze 7 bis 10 Tage auf einer sonnigen Fensterbank ziehen. Das Gefäß zweimal täglich leicht kreisend schwenken. Den Himbeeressig nach Ablauf der Zeit durch ein Mulltuch oder ein sehr feines Sieb in eine passende Glasflasche umfüllen und dunkel aufbewahren.

Filetspitzen „Fromage"

3 Schweinefilets (à 300 g)

2 Eßlöffel Butterschmalz

350 g frische Champignons

2 Zwiebeln

Salz

Pfeffer

für die Soße:

1 Becher Sahne

2 Eßlöffel Soßenbinder

2 Eckchen Schmelzkäse
mit Kräutern

4 Scheiben Emmentaler Käse

SOMMER

Die Filets in Scheiben schneiden. Champignons mit einem Küchenpinsel säubern und in Scheiben schneiden. Zwiebeln schälen und würfeln. Butterschmalz in einer Pfanne erhitzen. Die Filetscheiben kurz von beiden Seiten anbraten. Mit Salz und frischgemahlenem Pfeffer würzen. Backofen auf 200 °C vorheizen. In dem Bratfett Zwiebelwürfel und Champignonscheiben braten.

Die Filetscheiben in eine feuerfeste Form legen. Zwiebelwürfel und Champignonscheiben darüber verteilen. Abermals mit Salz und Pfeffer würzen.

Sahne und Schmelzkäse in einen Topf geben und unter Rühren erhitzen, so daß der Käse schmilzt. Soßenbinder in die kochende Flüssigkeit einrühren und kurz aufkochen lassen. Diese Soße über das Fleisch gießen. Dann die Käsescheiben auflegen. Die Auflaufform mit einem Deckel oder mit Alufolie abdecken. Das Gericht 10 Minuten im vorgeheizten Backofen überbacken, bis die Käsescheiben zerlaufen.

Dazu schmecken gedünstetes Gemüse und Rösti.

Tip: Dieses Gericht läßt sich auch mit Schnitzelfleisch zubereiten, man muß allerdings die Schnitzel etwas länger braten und 10 Minuten länger im Backofen garen.

für 6 bis 8 Personen

Für den Tafelspitz:

2 kg Rindfleisch aus der Unterschale

einige schöne Markknochen

2 bis 3 mittelgroße Möhren

2 Stangen Porree

1/2 Sellerieknolle

2 große Zwiebeln

4 Lorbeerblätter

1 Eßlöffel Pimentkörner

1 Eßlöffel Salz

für die Apfel-Meerrettichsoße:

200 g Schmand

1 bis 2 Äpfel

2 Eßlöffel geriebener Meerrettich

Wiener Tafelspitz

SOMMER

Möhren schälen, Porree putzen, waschen und halbieren. Die Sellerieknolle und die Zwiebeln schälen. Einen großen Suppentopf mit den Markknochen auslegen. Das Fleischstück darauflegen und das Gemüse um das Fleisch verteilen. Lorbeerblätter, Pimentkörner und Salz zufügen und soviel kaltes Wasser zugießen, daß Gemüse und Fleisch gut bedeckt sind. Den Tafelspitz ohne Deckel bei mittlerer Hitze langsam zum Kochen bringen. Sobald der sich bildende Schaum nach unten sinkt, legt man den Deckel auf den Topf, schaltet die Kochplatte zurück und läßt das Fleisch 2 1/2 bis 3 Stunden garziehen, aber nicht kochen.

Für die Apfel-Meerrettichsoße die Äpfel schälen, das Kerngehäuse entfernen und das Fruchtfleisch grob raspeln. Mit dem Meerrettich und dem Schmand mischen und kalt stellen.

Nach der Garzeit nimmt man das Fleisch aus dem Sud und schneidet es quer zur Faser in Scheiben. Diese werden auf einer vorgewärmten Platte angerichtet. Richten Sie den Tafelspitz mit grünem Gemüse der Saison auf der Platte an. Dazu können Sie einen Kartoffelgratin oder Petersilienkartoffeln reichen. Die Apfel-Meerrettichsoße separat dazu servieren.

Tip: Der Tafelspitz kann zwei bis drei Tage vor dem Servieren gekocht werden. Das Fleisch nach dem Garen aus der Brühe nehmen. Man läßt es erkalten, schlägt es in Alufolie ein und bewahrt es im Kühlschrank auf; ebenso die Brühe. Man schneidet das Fleisch in Scheiben und wärmt es dann in der Brühe wieder auf. Die Kochbrühe ergibt eine aromatische Suppe, zu der sich als Einlage feine Gemüsestreifen, zum Beispiel von Möhren oder Kohlrabi, eignen.

Beim Tafelspitz verzichtet man auf strenge Gewürze. Denn Markknochen und Gemüse geben genug Würze.

SOMMER

für 6 bis 8 Personen

1 kg Fischfilet vom
Rotbarsch, Kabeljau
oder Steinbeißer

500 g frische Champignons

1 Zucchini

1 Stange Porree

200 g Crème fraîche

80 g geräucherter Speck

2 Eßlöffel Butter
oder Margarine

3 Eßlöffel Paniermehl

2 Eßlöffel feingeschnittener
Dill

Salz

Pfeffer aus der Mühle

Zitronensaft

Fischfilet im Champignonbett

Den Backofen auf 200 °C vorheizen. Die Champignons mit einem Küchenpinsel säubern und in feine Scheiben schneiden. Speck würfeln, Porree und Zucchini putzen, waschen und in feine Ringe und Scheiben schneiden.

Eine flache, feuerfeste Form mit Margarine ausfetten und mit Salz und Pfeffer leicht ausstreuen. Die Zucchini und die Hälfte der Pilze in die Form schichten und wieder mit Salz und Pfeffer würzen. Die Fischstücke in große Würfel schneiden, mit Salz und Zitronensaft würzen und auf das Gemüse legen.

Den Speck bei milder Hitze auslassen und mit einem Schaumlöffel aus dem Topf nehmen (die Grieben werden nicht weiterverwertet). Dann den Porree im Speckfett andünsten. Crème fraîche unterrühren, einmal aufkochen lassen und über dem Fisch verteilen.

Den Auflauf mit den restlichen Champignonscheiben bedecken und leicht salzen. Butter oder Margarine schmelzen, mit Paniermehl und Dill verrühren und über die Pilze geben. Auf der zweiten Einschubleiste von unten 25 bis 30 Minuten garen.

Reichen Sie als Beilagen dazu Reis oder grüne Nudeln und Gemüse der Saison.

Putenrouladen mit Estragonfüllung und Zwiebelschaum

für 6 bis 8 Personen

Für die Putenrouladen:

9 große Blätter Eisbergsalat

3 große Putenschnitzel
(insgesamt 700 g)

300 g Putengeschnetzeltes

2 bis 3 Eßlöffel frischer,
gehackter Estragon

3 Eigelb

Salz

Pfeffer

100 ml Hühnerbrühe

für den Zwiebelschaum:

500 g Zwiebeln

250 ml trockener Weißwein

1 Teelöffel Zitronensaft

200 g Schmand

1 Teelöffel Zucker

1 Teelöffel Fondor

frisch gemahlener Pfeffer

Salz

Jedes Putenschnitzel wird mit der vorbereiteten Fleischmasse bestrichen, aufgerollt und dann in blanchierte Salatblätter eingehüllt.

Die Salatblätter waschen. In kochendem Wasser 2 Minuten ziehen lassen, also blanchieren. Dann mit kaltem Wasser abschrecken und abtropfen lassen. Das Putengeschnetzelte von Sehnen befreien, in kleinste Würfel schneiden, mit dem Eigelb verrühren und pürieren.

Den Backofen auf 200 °C vorheizen. Die Fleischmasse mit Salz und Pfeffer würzen und den Estragon unterrühren. Die 3 Putenschnitzel mit Salz und Pfeffer würzen, nebeneinander auf eine Arbeitsfläche legen und mit der pürierten Fleischmasse bestreichen. Die Putenschnitzel dann aufrollen und jede Rolle in 3 Salatblätter einhüllen. Die Rouladen in eine leicht gefettete Auflaufform legen. Die Hühnerbrühe dazugießen. Die Rouladen in der abgedeckten Form im vorgeheizten Backofen 50 bis 60 Minuten garen.

Für den Zwiebelschaum die Zwiebeln schälen und fein hacken. Mit Weißwein in einen Topf geben und ohne Deckel garen, bis der Weißwein verdampft ist. Die Masse dann mit einem Pürierstab pürieren. Schmand unterrühren und die Masse mit den Gewürzen abschmecken.

Die gegarten Putenrouladen aus der Auflaufform nehmen, in 2 cm dicke Scheiben schneiden und auf einer vorgewärmten Fleischplatte anrichten. Den Zwiebelschaum dazu servieren.

Servieren Sie zu diesem Gericht Gemüse der Saison und frische in Butter geschwenkte Salzkartoffeln.

"

Steinpilzkartoffeln mit Schinkenspeck

für 6 bis 8 Personen

HERBST

30 bis 40 g getrocknete Steinpilze

1,5 kg festkochende Kartoffeln

2 gestrichene Teelöffel Salz

300 g Schinkenspeck in Scheiben

400 g Créme fraîche

schwarzer Pfeffer

1 Bund glatte Petersilie

Die Steinpilze in einer Porzellanschüssel mit 1/2 l heißem Wasser übergießen und etwa 1 Stunde ziehen lassen. Kartoffeln mit Schale in Salzwasser so lange kochen, daß sie gerade gar sind. Nicht zu weich kochen. Die Kartoffeln dann pellen und auskühlen lassen. Jede Kartoffel der Länge nach etwa dreimal einschneiden (je nach Dicke). Die Steinpilze abtropfen lassen und das Einweichwasser beiseite stellen. Die Pilze in die Einschnitte der Kartoffeln stecken. Jede Kartoffel mit 1 bis 2 Scheiben Schinkenspeck umwickeln. Den Backofen auf 180 °C vorheizen.

Créme fraîche mit etwas Einweichwasser der Pilze glattrühren und das Salz zufügen. Die Soße in einen flachen Bräter oder in eine Auflaufform gießen. Die Kartoffeln in die Soße setzen und die Form mit einem Deckel verschließen oder mit Alufolie abdecken. Die Form auf der zweiten Einschubleiste von unten in den Backofen schieben. Nach 20 Minuten Backzeit den Deckel oder die Alufolie abnehmen. Die Kartoffeln weitere 20 Minuten backen. Die Kartoffeln mit Pfeffer und gehackter Petersilie bestreuen und in der Form servieren.

Tip: Servieren Sie zu diesem Gericht einen knackig-frischen Blattsalat mit Essig-Öl-Dressing.

In die gepellten Kartoffeln schneidet man Längsschlitze und steckt die eingeweichten Steinpilze hinein. Jede Kartoffel mit 1 bis 2 Scheiben Schinkenspeck (je nach Größe der Kartoffel) umwickeln und in eine Auflaufform geben.

Rouladen nach Jägerart

für 4 Personen

4 Rinderrouladen

Salz

Pfeffer

2 Eßlöffel Butterschmalz
zum Braten

4 Eßlöffel Preiselbeeren
aus dem Glas

1 Eßlöffel Butter

1 kleine Dose Pfifferlinge

1 dicke Zwiebel

ca. 100 ml Wasser

1/8 l Rotwein

1/8 l Sahne

etwas Soßenbinder
oder Speisestärke

Salz und Pfeffer
zum Abschmecken

Rouladennadeln

HERBST

Die Zwiebel schälen und in kleine Würfel schneiden. Die Pfifferlinge abtropfen lassen, größere Pilze einmal durchschneiden. Die Butter in einer Pfanne erhitzen und Zwiebelwürfel sowie Pfifferlinge darin andünsten.

Die Rouladen mit Salz und Pfeffer würzen. Auf jeder Roulade 1/2 Eßlöffel Preiselbeeren verstreichen. Dann die Zwiebel-Pfifferling-Masse auf den Rouladen verteilen. Diese aufrollen und mit Rouladennadeln feststecken.

Butterschmalz in einem Bräter erhitzen. Die Rouladen darin rundum anbraten, mit etwa 100 ml Wasser und etwas von dem Rotwein ablöschen. Den Deckel auf den Bräter setzen und das Fleisch 50 bis 70 Minuten bei mittlerer Hitze schmoren lassen (in einem Dampfdrucktopf geht es schneller). Kurz vor Beendigung der Garzeit den restlichen Rotwein, Sahne und restliche Preiselbeeren zufügen.

Die gegarten Rouladen aus dem Bräter nehmen und warmstellen. Den Bratenfond mit Soßenbinder (direkt einstreuen und aufkochen lassen) oder Speisestärke (mit etwas kaltem Wasser anrühren, einrühren und aufkochen lassen) binden und mit Salz und Pfeffer abschmecken. Die Soße zu den Rouladen servieren.

Als Beilagen sind Salzkartoffeln und feines Gemüse empfehlenswert.

Sauerbraten mit Trauben und Karameläpfeln

für 8 Personen

2 kg Rinderbraten

Marinade:

2 große Zwiebeln

3 Möhren

1/4 Sellerieknolle

1/8 l Gemüsebrühe

1/2 l Rotwein

1/2 l roter Traubensaft

100 ml Essig-Essenz

3 Stengel Petersilie

1 Knoblauchzehe

5 Nelken

1 Lorbeerblatt

20 weiße Pfefferkörner

1/2 Teelöffel Senfkörner

Salz
Pfeffer
etwas Mehl
3 Eßlöffel Butterschmalz
10 Backpflaumen
1/2 l Fleischbrühe
1 Stück Lebkuchen
250 g blaue Weintrauben
3 Äpfel (Boskop)
etwas Butter
1 Eßlöffel Puderzucker

HERBST

Die Zwiebeln schälen. Möhren und Sellerie putzen. Das Gemüse grob würfeln. Die Gemüsebrühe in einem mittelgroßen Topf zum Sieden bringen, das Gemüse hineingeben und 2 Minuten aufwallen lassen, also blanchieren. Das Ganze abkühlen lassen. Rotwein, Traubensaft und Essig-Essenz dazugießen. Petersilie, gepreßte Knoblauchzehe und Gewürze zufügen. Das Rindfleisch in eine große Schüssel legen und mit der Marinade begießen. Das Fleisch muß ganz mit Flüssigkeit bedeckt sein. Wenn nötig, noch etwas Wein nachgießen. Den Braten 3 bis 4 Tage im Kühlschrank ziehen lassen. Nach dieser Zeit nimmt man das Fleisch aus der Marinade und tupft es trocken. Mit Salz und Pfeffer würzen und in etwas Mehl wenden. Die Marinade durch ein Sieb gießen.

Butterschmalz in einem Bräter zerlassen und das Fleisch rundherum anbraten. Das Gemüse aus der Marinade nehmen und die Backpflaumen um den Sauerbraten legen. Etwas Marinade in den Bräter gießen und das Fleisch zugedeckt etwa 2 1/2 Stunden schmoren lassen. Ab und zu etwas Fleischbrühe und insgesamt etwa die Hälfte der Marinade angießen. Wenn das Fleisch gar ist, nimmt man es aus dem Bräter und wickelt es in Alufolie. Den Bratensatz zusammen mit dem Gemüse durch ein Sieb streichen.

Den Bratenfond in einen Topf geben, den zerbröckelten Lebkuchen unterrühren und das Ganze erhitzen. Die Trauben waschen, halbieren, entkernen und in der Soße heiß werden lassen. Die Äpfel schälen, das Kerngehäuse entfernen und das Fruchtfleisch in Spalten schneiden. In etwas Butter kurz andünsten, mit Puderzucker bestäuben und anbräunen (karamelisieren) lassen. Den Braten in Scheiben schneiden. Auf einer vorgewärmten Platte mit der Soße und den Äpfeln anrichten. Servieren Sie dazu die traditionellen Beilagen Rotkohlgemüse und Kartoffelklöße.

für 6 Personen

1,5 kg Nackenbraten

1 Teelöffel Salz

1/4 Teelöffel Pfeffer

3 Eßlöffel Orangenkonfitüre

5 Eßlöffel festes Apfelmus

4 Eßlöffel Senf

1 Teelöffel Thymianblättchen

1 Eßlöffel feingehackte
Petersilie

3 bis 4 Tomaten

6 bis 7 mittelgroße
Champignons

1/8 l Weißwein

Senfbraten

HERBST

Das Bratenstück mit Salz und Pfeffer einreiben. Den Backofen auf 200 °C vorheizen. Die Konfitüre mit Apfelmus, Senf, Thymian und der Petersilie vermischen. Den Braten in eine Auflaufform geben. Die Oberseite des Fleischstücks dick mit der vorbereiteten Masse aus Konfitüre und den übrigen Zutaten bestreichen.

Den Braten im vorgeheizten Backofen auf der mittleren Einschubleiste 1 1/2 bis 2 Stunden garen. Nach 60 Minuten Bratzeit die geachtelten Tomaten und in Scheiben geschnittenen Champignons um das Fleisch legen und mitgaren. Gleichzeitig außerdem den Wein dazugießen.

Servieren Sie als Beilage zu diesem Gericht Kartoffelpüree oder Reis und Rohkost- oder Blattsalat.

Tip: Selbstverständlich können Sie auch ein größeres Bratenstück nach diesem Rezept zubereiten. Da es bei größeren Fleischstücken schwierig ist, die Garzeit festzulegen, empfehlen wir Ihnen, ein Bratenthermometer einzusetzen (mehr dazu im Kapitel »Nützliche Küchengeräte« auf S. 176).

4 küchenfertige Forellen

Saft von 1 Zitrone

1 Teelöffel Salz

12 sehr dünne Scheiben
durchwachsener Speck

1 Knoblauchzehe

4 Teelöffel Dillspitzen

4 Teelöffel gehackte
Petersilie

150 g Doppelrahm-Frischkäse

2 Zwiebeln

1 Eßlöffel Butter

1/8 l Geflügelbrühe

3 Nadeln Rosmarin

Speckforellen

HERBST

Die Forellen unter fließendem kalten Wasser waschen. Den Backofen auf 200 bis 220 °C vorheizen. Zitronensaft und Salz mischen. Die Forellen trockentupfen und mit dem gesalzenen Zitronensaft einreiben. Knoblauchzehe schälen und sehr fein hacken. Mit Dill, Petersilie und Frischkäse vermengen und in die Bauchhöhlen der Fische streichen.

Jede Forelle mit 3 Scheiben Speck umlegen. Die Fische nebeneinander in eine entsprechend große feuerfeste Form legen und auf der mittleren Schiene im vorgeheizten Backofen etwa 30 Minuten garen.

Die Zwiebeln schälen, fein hacken und in der Butter glasig dünsten. Die Geflügelbrühe mit dem kleingeschnittenen Rosmarin zugeben, 5 Minuten leicht kochen lassen und diesen Sud 10 Minuten vor Ende der Garzeit auf die Forellen gießen. Die Forellen in der Form servieren.

Als Beilage sind frische kleine Kartoffeln, in Butter und gehackten Kräutern geschwenkt, sowie ein knackiger Blattsalat empfehlenswert.

Schweinefilet mit Kräuterfrischkäse

für 6 Personen

50 g fetter Speck

125 g frische Champignons

300 g Doppelrahmfrischkäse mit Kräutern

2 Eigelb

6 Eßlöffel Paniermehl

4 Eßlöffel gehackte Petersilie

1 Päckchen Tiefkühlkräuter (8-Kräuter-Mischung) oder 2 Eßlöffel frische, gehackte Kräuter (Petersilie, Dill, Kresse, Kerbel, Schnittlauch, Sauerampfer, Borretsch, Pimpernell)

1 kg Schweinefilet

einige Holzstäbchen (Zahnstocher)

HERBST

Champignons putzen und in feine Würfel schneiden. Speck ebenfalls fein würfeln. Den Speck in einer kleinen Pfanne oder in einem kleinen Topf anbraten. Die Champignons zufügen und braten, bis die in den Pilzen enthaltene Flüssigkeit verdampft ist. Die Masse abkühlen lassen.

Frischkäse mit Eigelb und den gehackten Kräutern verrühren. Dann die Speck-Champignonmasse unterrühren. Backofen auf 200 °C vorheizen. In die Schweinefilets der Länge nach eine Tasche einschneiden. Diese mit der Hälfte der Frischkäsemasse füllen. Die Taschen mit Holzstäbchen verschließen.

Eine Auflaufform einfetten und die Schweinefilets mit der Öffnung nach unten hineinlegen. Nun mit der restlichen Frischkäsemasse rundherum bestreichen. Die Form in den Backofen auf die mittlere Schiene schieben und das Fleisch 25 bis 30 Minuten garen.

Nach Ende der Garzeit die Holzstäbchen aus dem Fleisch entfernen, die Filets aus der Form nehmen, in Scheiben schneiden und servieren. Als Beilage passen frische kleine Salzkartoffeln, in geschmolzener Butter und Petersilie geschwenkt, Rösti oder Kartoffelpüree und ein Blatt- oder Rohkostsalat.

Tip: Die Frischkäsemasse können Sie bereits einige Stunden vor Gebrauch anrühren und im Kühlschrank aufbewahren. Füllen und bestreichen Sie die Schweinefilets einige Zeit bevor Ihre Gäste kommen. Später müssen Sie das Gericht nur noch in den Backofen schieben. Übrigens: Läßt man die gegarten Filets erkalten und schneidet sie dann in Scheiben, eignen sie sich sehr gut für ein kaltes Büffet.

1 Poularde (etwa 2 kg)

100 g geräucherter Speck

500 g Tomaten

2 Möhren

4 Lorbeerblätter

3 Zweige Thymian

400 g kleine Zwiebeln

2 Knoblauchzehen

Salz

1 Eßlöffel schwarzer geschroteter Pfeffer

1/4 l Rotwein

Als Poularde bezeichnet man ein vor der Geschlechtsreife geschlachtetes Hähnchen. Sie wird länger gemästet als ein Hähnchen und ist deshalb schwerer.

Rotwein-Poularde

HERBST

Tomaten häuten, vom Stielansatz befreien und würfeln. Den Speck in feine Würfel schneiden. Möhren waschen, eventuell schrappen und in feine Würfel schneiden. Zwiebeln schälen. Knoblauchzehen schälen und zerdrücken. Die Poularde in 8 Stücke teilen. Den Backofen auf 180 bis 200 °C vorheizen.

In einem Bräter den Speck auslassen. Zwiebeln, Möhrenwürfel, Thymianzweige und den zerdrückten Knoblauch zugeben und andünsten. Dann alles mit einem Schaumlöffel aus dem Bräter nehmen. In dem heißen Fett nun die Poulardenstücke anbraten. Kräftig salzen und mit Pfefferschrot bestreuen. Dann die herausgenommenen Zutaten wieder in den Bräter geben, außerdem die Tomatenwürfel zufügen und Rotwein zugießen.

Den Deckel auf den Bräter setzen, diesen auf die mittlere Schiene in den vorgeheizten Backofen schieben und das Fleisch etwa 1 Stunde garen. Die Fleischstücke dann aus dem Bräter nehmen, in eine große vorgewärmte Schüssel geben und warm stellen. Den Bratenfond mit dem gegarten Gemüse pürieren. Die Soße über das Fleisch geben.

Zu diesem Geflügelgericht schmecken Kartoffelpüree und Tomatensalat.

Filet-Apfeltopf

für 6 bis 8 Personen

800 g Schweinefilet

1 Eßlöffel Butterschmalz

Salz

Pfeffer oder Steakgewürz

4 bis 5 dicke Äpfel
(am besten Boskop)

400 g Sahne

2 Eßlöffel Tomatenketchup

4 Teelöffel Curry

250 g geriebener Käse

Schweinefilet in Scheiben schneiden. Butterschmalz in einer Pfanne erhitzen und die Fleischscheiben darin portionsweise kräftig anbraten. Mit Salz und frischgemahlenem Pfeffer oder Steakgewürz würzen.

Backofen auf 200 °C vorheizen. Äpfel schälen und mit einem runden Ausstecher das Kerngehäuse ausstechen. Die Äpfel dann in Scheiben schneiden, so daß Apfelringe entstehen. Eine feuerfeste Form einfetten. Zunächst eine Lage Apfelringe hineingeben. Darüber Fleisch, dann wieder Apfelringe und so weiter. Die obere Schicht sollte aus Apfelringen bestehen.

Sahne mit Ketchup, Curry und Salz verrühren. Die Soße über den Auflauf gießen. Mit dem geriebenen Käse bestreuen und 25 bis 35 Minuten im vorgeheizten Backofen backen. Dazu schmeckt sehr gut Reis und ein knackiger Salat.

In eine gefettete feuerfeste Form abwechselnd angebratene Filetscheiben und Apfelringe schichten, die Soße übergießen und das Ganze mit geraspeltem Käse bestreuen.

Entenbrust mit Rotweinsoße und Zwiebel-Sauerkirschgemüse

für 6 Personen

3 Entenbrüste

etwas Butterschmalz

3 Möhren

3 Zwiebeln

1 Stange Porree (nur weiße und hellgrüne Anteile)

1/4 l Rotwein

Salz

Pfeffer

125 g Sahne oder Schmand

eventuell Soßenbinder oder Mehl

Zwiebel-Sauerkirschgemüse:

1 Eßlöffel Butterschmalz

500 g kleine Zwiebeln

Salz

Pfeffer

1/2 Tasse Instant-Fleischbrühe

1 Glas eingemachte Sauerkirschen

1/2 Bund Thymian

WINTER

Von den Entenbrüsten Hautlappen, Fett und Sehnen abschneiden und beiseite legen. Möhren, Zwiebeln und Porree putzen oder waschen und grob zerkleinern. Butterschmalz in einer Pfanne erhitzen und die von den Entenbrüsten abgeschnittenen Teile darin anbraten. Dann das Gemüse zufügen und kurz mitbraten. Mit Salz und Pfeffer würzen. Das Ganze mit dem Rotwein übergießen und den Fond in der offenen Pfanne 20 Minuten köcheln lassen. Den Backofen auf 225 °C vorheizen.

Zwiebeln schälen und große Exemplare halbieren. Butterschmalz in einer Pfanne erhitzen. Die Zwiebeln darin anbraten, mit Salz und Pfeffer bestreuen. Dann die Brühe zugießen und das Ganze etwa 20 Minuten schmoren lassen. Anschließend die abgetropften Sauerkirschen und abgezupfte Thymianblättchen untermischen und kurz miterhitzen. Den Fond nach der Garzeit durch ein feines Metallsieb streichen. Wenn er sehr fettreich ist, nimmt man mit einem Schöpflöffel oben schwimmende Fettaugen ab. Den Fond zurück in die Pfanne geben, Sahne oder Schmand unterrühren und die Soße mit etwas Soßenbinder oder angerührtem Mehl binden.

Die Entenbrüste mit Salz und Pfeffer einreiben. Die Stücke in einem Eisenbräter auf der Hautseite in wenig Butterschmalz oder ohne Fett (je nachdem, wie fettreich die Entenbrüste sind) 5 bis 6 Minuten braten. Den Bräter dann in den vorgeheizten Backofen schieben und das Fleisch weitere 12 bis 15 Minuten garen. Die Entenbrüste dann etwas ruhen lassen, danach schräg aufschneiden und mit der Soße sowie dem Zwiebel-Sauerkirschgemüse servieren. Dazu schmecken kleine Kartoffelklöße.

Aus den Abschnitten läßt sich, zusammen mit Gemüse, ein Fond herstellen.

Feiner Fisch-Auflauf

für 6 Personen

2 große Fischfilets
(Rotbarsch oder Kabeljau)
von jeweils 500 g

Zitronensaft

Salz

50 g geräucherter,
durchwachsener Speck

250 g frische Champignons

1 mittelgroße Zwiebel

1/2 Bund Petersilie

Thymian und Rosmarin
nach Geschmack

2 Eßlöffel Tomatenmark

1/8 l saure Sahne

Pfeffer

150 g geriebener Käse

6 bis 8 kleine Tomaten

Den Backofen auf 200 °C vorheizen. Die gewaschenen Fischfilets mit Zitronensaft säuern und mit Salz würzen. Speck in feine Würfel schneiden. Champignons mit einem Küchenpinsel säubern und in dünne Scheiben schneiden. Zwiebel schälen und würfeln. Den Speck in einer Pfanne auslassen. Zwiebelwürfel und Champignonscheiben darin anbraten.

Saure Sahne mit dem Tomatenmark, gehackter Petersilie, Thymian und Rosmarin verrühren. Mit etwas Pfeffer würzen. Die angebratenen Zutaten zugeben und untermengen.

Das erste Fischfilet in eine passend große feuerfeste Form legen. Die Sahne-Gemüse-Masse darauf verteilen. Das zweite Fischfilet auflegen. Den Auflauf mit geriebenem Käse bestreuen. Das Gericht auf der mittleren Einschubleiste im vorgeheizten Backofen 30 Minuten garen. 10 Minuten vor Ende der Garzeit die gewaschenen Tomaten rund um den Fisch in die Auflaufform setzen und mitgaren.

Den Auflauf in der Form servieren. Als Beilage passen Salzkartoffeln und ein knackiger Rohkostsalat. Soll der Auflauf als Partygericht gereicht werden, servieren Sie frisch aufgebackenes Stangenweißbrot dazu.

Kaninchen nach Feinschmeckerart

für 4 Personen

1 kg Wildkaninchen

2 Eßlöffel Butterschmalz

1 Möhre

2 Zweige Petersilie

2 Zwiebeln

4 Pfefferkörner

Salz

1/2 l Fleischbrühe

100 g Crème fraîche

1 Teelöffel Curry

als Beilage:

150 g Backpflaumen

2 Äpfel

1 Eßlöffel Butter

Die Backpflaumen in wenig Wasser 1 Stunde quellen lassen. Die Möhre schälen und in grobe Stücke schneiden. Petersilie waschen. Zwiebeln schälen und grob würfeln. Das Kaninchen in mehrere Stücke zerteilen. Butterschmalz in einem Bräter erhitzen und das Fleisch darin kräftig anbraten.

Möhren- und Zwiebelwürfel sowie Petersilie zum Fleisch geben und kurz anrösten. Dann die Fleischbrühe in den Bräter gießen, Pfefferkörner zugeben und einen Deckel auf den Bräter setzen. Das Fleisch etwa 45 Minuten bei mittlerer Hitze schmoren lassen (bei einem jungen Tier Garzeit verringern). Wenn das Fleisch gar ist, nimmt man es aus dem Bräter, gibt es auf eine vorgewärmte Platte und stellt es warm. Den Bratenfond durch ein Sieb streichen und in einen Topf geben. Crème fraîche zufügen und die Soße mit Curry und Salz abschmecken.

Äpfel schälen, Kerngehäuse entfernen und das Fruchtfleisch in Würfel schneiden. In der Butter weichdünsten. Pflaumen gut abtropfen lassen und zu den Äpfeln geben. Wer es mag, gibt zusätzlich 1 Banane, in Würfel geschnitten, dazu. Die Obstbeilage zu dem Fleisch auf der Platte anrichten und die Soße separat dazu reichen. Dazu schmecken Kartoffelklöße.

Tip: Dieses Rezept kann auch mit einem Stallkaninchen zubereitet werden.

Der Rücken und die Keulen werden für dieses Gericht verwendet. Die Vorderläufe kann man zu einer Suppe verarbeiten.

für 6 bis 8 Personen

Je 2 rote und grüne
Paprikaschoten

750 g Schweine-
geschnetzeltes

4 Eßlöffel Öl

1/2 Tasse Wasser

250 ml Chilisoße

1/2 Teelöffel Salz

1 Teelöffel Paprikapulver

1 Teelöffel Curry

1 Becher Crème fraîche

1 kleine Dose Ananasstücke
(425 ml)

1 Dose Champignonscheiben
(850 ml)

1 Glas Silberzwiebeln oder
Gewürzgurken

etwas Weißwein

Pikanter Fleischtopf

WINTER

Die Paprikaschoten waschen, putzen und in Streifen schneiden. Öl in einem Bratentopf erhitzen und die Fleischwürfel darin gut anbraten und bräunen lassen. Dann Wasser und Chilisoße zugießen sowie Salz, Paprikapulver und Curry unterrühren. Außerdem die Paprikastreifen zugeben. Das Ganze etwa 1 Stunde garen, dabei mehrmals umrühren.

Inzwischen die Ananasstücke, die Champignonscheiben sowie die Silberzwiebeln oder Gewürzgurken abtropfen lassen. Große Ananasstücke durchschneiden. Gewürzgurken in Scheiben schneiden

Nach Ablauf der Garzeit die vorbereiteten Zutaten sowie Créme fraîche in den Fleischtopf geben und einige Zeit durchziehen lassen. Mit einem guten Schuß Weißwein abschmecken.

Als Beilage zu diesem Fleischtopf schmeckt Reis.

Tip: Den Fleischtopf können Sie schon am Tag bevor die Gäste kommen komplett zubereiten, dann zügig erkalten lassen und kühl stellen.

Schweinenackensteaks mit Fenchel

4 Schweinenackensteaks

1 bis 2 Eßlöffel Butterschmalz zum Braten

500 g Fenchelknollen

etwas Butter

Salz und Pfeffer

Soßenbinder oder Speisestärke

für die Soße:

100 g Kräuterfrischkäse

1 Becher Crème fraîche

WINTER

Die Fenchelknollen putzen, waschen und in feine Streifen schneiden. Das Gemüse mit wenig Butter, Salz und Pfeffer und sehr wenig Wasser in einen Topf geben und etwa 15 Minuten dünsten. Nach Ende der Garzeit die Gemüseflüssigkeit mit etwas Soßenbinder (direkt einstreuen und aufkochen lassen) oder Speisestärke (mit etwas kaltem Wasser anrühren, einrühren und aufkochen lassen) binden. Den Backofen auf 220 °C vorheizen.

Butterschmalz in einer Pfanne erhitzen und die Schweinenackensteaks ohne Panade braten. Dann mit Salz und Pfeffer würzen. Die Steaks in eine gefettete Auflaufform legen. Das Fenchelgemüse darauf verteilen. Frischkäse und Crème fraîche verrühren und über das Gemüse geben.

Das Gericht im vorgeheizten Backofen auf der mittleren Einschubleiste etwa 10 Minuten überbacken. Servieren Sie dazu Salzkartoffeln.

Desserts

Desserts sind das Finale eines Menüs. Da gibt es fruchtige Cremes, feines Eis, Gratins oder Kaltschalen und vieles mehr. Und wenn Sie sich bei dieser Vielfalt nicht für ein Dessert entscheiden können, dann laden Sie doch mal ein paar nette Freunde zu einem Nachspeisen-Büffet ein – die süße Art, Gäste zu verwöhnen.

Tips zum Servieren und Garnieren

Wie man ein Dessert serviert, hängt von der Art der Nachspeise, aber auch von der Anzahl der Personen ab. Bei einem Essen im kleinen Kreise ist es zeitlich kein Problem, das Dessert für jede Person auf einem Teller anzurichten. Bei größeren Personengruppen ist das aber im Privathaushalt zu aufwendig.

Wenn Sie ein Dessert als Tellerportion anbieten möchten, dann greifen Sie dabei einmal nicht auf die üblichen kleinen Dessertschälchen zurück. Nehmen Sie schlichte, große Eßteller. Denn darauf läßt sich ein Dessert erst wirkungsvoll garnieren.

Schnelle Dekoration für ein Dessert: Auf einen »Spiegel« aus Fruchtpüree gibt man einige Tropfen Sahne und zieht sie mit einem Holzstäbchen zu einem Muster.

Um eine Creme anzurichten, stechen Sie mit einem Eßlöffel (vorher mit heißem Wasser abspülen) Nocken ab und drapieren Sie diese auf dem Teller. Sehr schön sieht es aus, wenn Sie eine Creme bei

der Zubereitung in kleine Förmchen, zum Beispiel
in Kaffeetassen, füllen, erstarren lassen und dann
auf einen Teller stürzen. Eis wird in Scheiben geschnitten oder als Kugel ausgestochen angerichtet.

Die ideale Ergänzung zu Cremes oder Eis ist eine
Soße. Je nach Art des Desserts kann das eine Soße
auf Eier- und Milch-Basis oder eine Fruchtsoße
sein. Am einfachsten und schnellsten lassen sich
Fruchtpürees herstellen. Man gießt sie mit auf den
Dessertteller. Wird der Teller zuerst mit einer
Soßenschicht gefüllt, auf der anschließend das
Dessert angerichtet wird, heißt das in der Küchen-
Fachsprache »einen Spiegel gießen«. Optisch noch

raffinierter wird es, wenn Sie in das Fruchtpüree einige Tropfen einer andersfarbigen Flüssigkeit geben, zum Beispiel Sahne oder Fruchtsaft, und diese Tropfen mit einem Schaschlikspieß zu interessanten Schlieren verrühren.

Beim Garnieren von Desserts geht der Trend zum Natürlichen. Am schönsten sehen frische Früchte aus, also Beeren, beispielsweise auch eine ganze Rispe mit Johannisbeeren oder kleine Erdbeeren mit Grün. Größere Früchte bietet man in Form von geschnittenen Spalten, Filets oder Kugeln (mit einem Kugelausstecher herzustellen) an. Eine frische Note bringen auch grüne Blättchen, beispielsweise von Zitronenmelisse oder Minze, aber auch das Laub von Erdbeeren, Himbeeren oder Brombeeren ist im Sommer willkommen. Aus den Schalen frischer Zitrusfrüchte lassen sich mit einem Zestenreißer dekorative Streifen lösen, die noch dazu ein fruchtiges Aroma bringen. Walnüsse, Pistazien, Pinienkerne und Mandeln sind immer ein Blickfang.

Schöner als gekaufte Garnierungen sind immer selbstgemachte (wenn Sie die Zeit dafür haben): Schokoladenraspel lassen sich mit einem scharfen Messer von einer Tafel Zartbitterschokolade schneiden, Krokant kann man aus Butter, Zucker und Mandelblättchen ganz einfach selber machen. Schließlich können Sie auch mit Puderzucker und Kakao- oder Zimtpulver arbeiten. Es sieht nicht nur schön aus, wenn Sie damit ein Dessert bestäuben. Auch der Teller läßt sich damit verschönern.

Arbeiten mit Gelatine

Sehr viele Cremes in diesem Buch werden mit Hilfe von Gelatine zubereitet. Vielen Hobbyköchen ist der Umgang damit suspekt, insbesondere dann, wenn sie einmal »Gummibärchen«, also kleine Gelatineklümpchen, in ihrer Creme produzierten oder das Dessert einfach nicht fest werden wollte. Im Grunde ist das Arbeiten mit Gelatine ganz einfach, wenn man sich an einige Regeln hält: Für jedes Dessert läßt sich sowohl Gelatine in Blattform als

auch in Pulverform einsetzen. 1 Päckchen Pulvergelatine (10 g) entspricht sechs Blatt Gelatine.
Diese Menge reicht zum Gelieren von 0,5 l Flüssigkeit. Ob Sie Pulver- oder Blattgelatine verwenden,
ist Ansichtssache. Ein Vorteil von Blattgelatine:
Sie läßt sich leichter dosieren.

Blattgelatine muß zunächst etwa 10 Minuten in einem Gefäß mit kaltem Wasser einweichen; Pulvergelatine rührt man mit etwas kaltem Wasser an und läßt das Ganze
10 Minuten quellen.

Blattgelatine weicht man in einem tiefen Teller mit Wasser etwa 10 Minuten ein. Pulvergelatine wird mit einigen Eßlöffeln Wasser angerührt und quillt dann auf.

Soll die Gelatine einer kalten Masse zugefügt werden, muß man sie zunächst erwärmen, damit sie
sich auflöst. Dazu die Blattgelatine ausdrücken und
in einen Topf geben und bei schwacher Hitzezufuhr
erwärmen. Ebenso mit der Pulvergelatine verfah-
ren. Schneller geht das Auflösen in der Mikrowelle:
6 Blatt Gelatine oder die entsprechende Menge
Pulvergelatine werden 30 Sekunden bei 300 W

erwärmt und lösen sich dabei auf. Wichtig ist: Gelatine darf auf keinen Fall kochen. Dann verliert sie ihre Gelierfähigkeit; die Creme wird nicht fest.

Sie sollten die aufgelöste Gelatine temperieren, bevor Sie sie unter eine kalte Speise rühren. Das bedeutet: Geben Sie erst ein bis zwei Eßlöffel von der kalten Speise zu der Gelatine und verrühren Sie das Ganze. Die angewärmte Masse rühren Sie dann in die kalte Speise ein. So vermeiden Sie, daß sich Gelatineklümpchen bilden.

Soll die Gelatine in eine heiße Speise eingerührt werden, müssen Sie sie natürlich nicht erst erwärmen und auflösen. Sie drücken die Blattgelatine einfach aus und rühren sie – ebenso wie gequollene Pulvergelatine – in die heiße, nicht mehr kochende Speise ein.

Gelatine läßt sich ideal in der Mikrowelle auflösen. Meist reichen 30 Sekunden bei 300 W aus.

Nachdem die Gelatine eingerührt wurde, stellt man das Dessert kalt. Einige Zeit später wird das Dessert fest. Wenn Sie jedoch bemerken, daß eine Creme nicht geliert, weichen Sie einfach noch ein bis zwei Blatt Gelatine ein, lösen sie auf und geben sie in das Dessert. Dann zieht die Creme be-

In die aufgelöste Gelatine rührt man etwas kalte Creme ein, um die Temperatur anzugleichen. Dann erst gibt man die Gelatine in die restliche Creme und rührt sie unter.

stimmt an. Übrigens: Frische Kiwifrüchte, Ananas, Mangos und Papayas mindern die Gelierfähigkeit von Gelatine. Diese Früchte sollte man nicht in Cremes geben, die mit Gelatine gebunden werden. In vielen Rezepten wird die steifgeschlagene Sahne erst dann unter eine Creme gehoben, wenn sie beginnt zu gelieren. Haben Sie diesen Zeitpunkt verpaßt und die Creme ist bereits fest, hilft folgender Trick: Erwärmen Sie das Dessert leicht im Wasserbad, bis es wieder cremig ist. Dann die Sahne unterheben.

Cremes, die mit Gelatine zubereitet werden, lassen sich auch stürzen. Ist ein Dessert laut Rezept nicht zum Stürzen vorgesehen, müssen Sie etwas mehr Gelatine nehmen als dort angegeben ist: Pro 0,5 l Flüssigkeit brauchen Sie statt 6 Blatt Gelatine bei gestürzten Cremes 9 Blatt Gelatine. Wichtig beim Stürzen: Spülen Sie die Form oder die Förmchen zunächst mit kaltem Wasser aus und füllen Sie anschließend sofort das Dessert ein. Dann kalt stellen. Zum Stürzen stellen Sie sich eine passend große Schüssel mit heißem Wasser bereit. Halten Sie die Form oder die Förmchen mit dem Dessert kurz in diese Schüssel. Dadurch schmilzt der äußere Rand des Desserts in der Form und die Speise läßt sich ganz leicht auf eine Platte oder einen Teller stürzen. Zusätzlich können Sie die Ränder des Desserts mit einem Messer lösen.

Erdbeer-Joghurtparfait

FRÜHLING

für 4 Personen

500 g Erdbeeren
4 Eigelb
100 g Zucker
1 Vanilleschote
1 Becher Joghurt (150 g)
250 ml Sahne
frische Erdbeeren
Puderzucker
Minze- oder Melisseblättchen
zum Garnieren

Die Vanillestange mit einem scharfen, spitzen Messer aufschlitzen und das Mark herauskratzen. Die Erdbeeren waschen, entkelchen und pürieren. Eigelb mit Zucker und dem Vanillemark in eine Rührschüssel geben und mit den Quirlen des Handrührgerätes schaumig schlagen, bis sich der Zucker gelöst hat. Joghurt und Erdbeerpüree unter den Eischaum rühren. Sahne steif schlagen und unterheben. Eine gefriertaugliche Form mit Klarsichtfolie ausschlagen, die Erdbeercreme einfüllen und einige Stunden tiefgefrieren. Mehrmals zwischendurch umrühren. Zum Servieren das Parfait stürzen, die Folie abziehen, das Eis in Scheiben schneiden und diese auf Desserttellern anrichten. Mit frischen Erdbeeren und Minze oder Melisseblättchen garnieren.

Blaubeerparfait mit beschwipster Soße

HERBST

für 4 Personen

Für das Parfait:
3 Eigelb
50 g Puderzucker
200 g Blaubeeren
Saft von 1/2 Zitrone
1 Becher Sahne

für die Soße:
1 Becher Sahne
1 Vanilleschote
2 Eigelb
1 Eßlöffel Zucker
1 bis 2 Eßlöffel Amaretto (Mandellikör) oder anderer Likör nach Geschmack

Eigelb und Puderzucker in einer Schüssel mit den Quirlen des Handrührgerätes schaumig schlagen. Die Blaubeeren pürieren, mit dem Zitronensaft unter den Eischaum rühren. Die Sahne steif schlagen und ebenfalls unterrühren. Eine Kastenform mit Klarsichtfolie ausschlagen und die Creme einfüllen. Einige Stunden gefrieren lassen. Für die Soße Sahne, Eigelb und Zucker in einen Topf geben. Die Vanilleschote mit einem spitzen Messer längs aufschneiden, das Mark herauskratzen und in den Topf geben. Die Schote ebenfalls in den Topf geben und alles bei schwacher Hitze mit dem Schneebesen oder den Quirlen des Handrührgeräts so lange schlagen, bis eine dickschaumige Masse entsteht. Die Vanilleschote dann aus dem Topf nehmen und die Soße erkalten lassen. Mit Likör abschmecken. Das Parfait stürzen, in Scheiben schneiden und anrichten. Etwas Soße dazugießen.

Rhabarbergratin mit Eissoße

1 kg roter, geputzter Rhabarber

3 bis 5 Eßlöffel Zucker

2 bis 3 Eßlöffel Kirschwasser (kann man auch weglassen)

3 Eßlöffel Erdbeerkonfitüre

2 Eßlöffel Speisestärke

100 g Crème fraîche

2 Eigelb

1 Päckchen Vanillinzucker

50 g Mandelstifte

Puderzucker

für die Eissoße:

300 bis 400 g Vanilleeis

Zimt nach Geschmack

FRÜHLING

Die Rhabarberstangen in 3 cm große Stücke schneiden, mit wenig Wasser und Zucker in einen Topf geben und weichdünsten. Sie dürfen aber nicht zerfallen. Den Backofen auf 180 bis 220 °C vorheizen. Die Rhabarberstückchen mit einem Schaumlöffel aus dem Sud nehmen und in vier kleine, feuerfeste Förmchen oder in eine Auflaufform geben.

Kirschwasser, Konfitüre und Speisestärke verrühren. Wer auf das Kirschwasser verzichtet, rührt die Speisestärke mit etwas Wasser und der Konfitüre an. Den Rhabarbersud abermals zum Kochen bringen, die angerührte Speisestärke einrühren und das Ganze kurz aufkochen lassen.

In die etwas abgekühlte Masse Crème fraîche, Eigelb und Vanillinzucker rühren. Masse über den Rhabarber gießen und mit Mandelstiften bestreuen. Im vorgeheizten Backofen auf der mittleren Schiene etwa 15 Minuten überbacken. Das Dessert mit Puderzucker bestäuben und nochmals kurz in den Backofen schieben.

Für die Soße das Vanilleeis antauen lassen und mit Zimt cremig rühren. Zu dem heißen Rhabarberdessert servieren.

Tip: Sehr gut schmeckt zu dem Rhabarbergratin auch cremig gerührtes Erdbeereis mit frischen Erdbeerstückchen.

2 große Dosen Pfirsiche
(je 850 ml)

Pfirsichlikör nach Belieben

50 g Zucker

Saft von 1/2 Zitrone

10 Blätter weiße Gelatine

200 ml Sekt

2 Becher Sahne

Pfirsich-Sektcreme

FRÜHLING

Gelatineblätter 10 Minuten in kaltem Wasser einweichen. Die Pfirsiche abtropfen lassen und die Hälfte der Früchte pürieren. Mit Zucker, Zitronensaft und Sekt verrühren.

Die Gelatine im warmen Wasserbad oder in der Mikrowelle (bei 300 bis 400 W etwa 30 bis 40 Sekunden) schmelzen. Etwas Pfirsichpüree unter die aufgelöste Gelatine rühren, um die Temperatur anzugleichen. Die temperierte Gelatine dann vorsichtig unter das restliche Pfirsichpüree rühren und dieses anschließend kalt stellen. In der Zwischenzeit die Sahne steif schlagen. Wenn die Creme zu gelieren beginnt, hebt man die steifgeschlagene Sahne unter.

Die restlichen Pfirsiche in Spalten schneiden und in Gläser oder Dessertschalen geben. Eventuell etwas Pfirsichlikör übergießen. Die Pfirsichcreme darüber verteilen und das Dessert kalt stellen. Gut gekühlt servieren.

für 6 bis 8 Personen

2 große Dosen Ananas

eventuell etwas Apfelsaft

1 Vanilleschote

Saft von 2 Zitronen

Zucker nach Geschmack

2 Päckchen Vanillepudding-
pulver

2 Becher Sahne

Ananascreme

FRÜHLING

Die Ananas auf einem Sieb gut abtropfen lassen, dabei den Saft auffangen. Die Vanilleschote mit einem spitzen Messer längs aufschlitzen. 1 l Ananassaft abmessen (die Flüssigkeit
eventuell mit Apfelsaft auffüllen, damit diese
Menge erreicht wird). Den Saft mit Zitronensaft,
der Vanilleschote und eventuell etwas Zucker in
einen Topf geben und erhitzen. Das Puddingpulver
mit einigen Eßlöffeln Ananassaft anrühren, unter
Rühren in den kochenden Saft gießen und kurz
aufkochen lassen. Die Vanilleschote aus der Creme
nehmen.

Die Creme erkalten lassen, dabei ab und zu durchrühren. Sahne steif schlagen und unter die Creme
heben. Die Ananasscheiben in feine Stücke schneiden und unter die Creme rühren. Diese in eine
Dessertschüssel füllen und nach Belieben garnieren.

Weißes Eis mit Himbeerpüree

für 4 Personen

- 125 g weiße Schokolade
- 3 Eigelb
- 1 Päckchen Vanillinzucker
- 1 Becher Sahne
- 150 g frische oder tiefgekühlte Himbeeren
- 1 Eßlöffel Himbeergeist (kann man auch weglassen)
- 1 Prise gemahlener Ingwer
- Puderzucker nach Geschmack

Schokolade zerbrechen, in eine Metallschüssel geben und in einem mäßig warmen Wasserbad zum Schmelzen bringen oder in einem Porzellangefäß in der Mikrowelle bei maximal 240 W 5 Minuten erwärmen. Eigelb mit Vanillinzucker in eine Metallschüssel geben und verquirlen. Ebenfalls in ein warmes Wasserbad stellen und schaumig aufschlagen. Die geschmolzene Schokolade nach und nach unterrühren, bis eine glatte Masse entstanden ist. Die Mischung aus dem Wasserbad heben und so lange rühren, bis sie erkaltet ist. Zum Schluß am besten in ein kaltes Wasserbad stellen.

Sahne steif schlagen und unter die Schokoladenmasse ziehen. Die Masse im Gefrierfach fest werden lassen. Hin und wieder umrühren, damit sich nicht zu große Kristalle bilden. Himbeeren pürieren und mit Puderzucker, Himbeergeist sowie Ingwerpulver verrühren. Eiskugeln auf Dessertteller geben und mit Himbeerpüree umgießen.

Tip: Statt weißer Schokolade kann man auch Zartbitterschokolade für dieses Rezept verwenden. Dazu dann Orangenfilets oder pürierte Mandarinen, eventuell mit Orangenlikör abgeschmeckt, servieren.

Gestürzte Sauerkirschspeise mit Mascarponesoße

für 6 bis 8 Personen

Für die Sauerkirschspeise:

600 g frische oder tiefgekühlte Sauerkirschen (entsteint gewogen)

150 g Puderzucker

2 Päckchen gemahlene rote Gelatine (oder 12 Blatt)

1/2 l Sahne

für die Mascarponesoße:

250 g Mascarpone (italienischer Weichkäse aus Kuhmilch) oder herkömmlicher Frischkäse

4 Eigelb

3 Eßlöffel Zucker

2 Eßlöffel heißes Wasser

Kognak nach Geschmack

etwas roter Fruchtsaft

Die Gelatine mit 8 bis 12 Eßlöffeln kaltem Wasser verrühren und 10 Minuten quellen lassen. Die Sauerkirschen pürieren und den gesiebten Puderzucker unterrühren. Die Gelatine in einem Topf bei schwacher Hitze oder in der Mikrowelle (bei 300 bis 400 W 30 bis 40 Sekunden) erwärmen, so daß sie sich auflöst. Etwas Sauerkirschpüree unter die aufgelöste Gelatine rühren, um die Temperatur anzugleichen. Dann die temperierte Masse unter die restliche Sauerkirschmasse rühren.

Die Masse kalt stellen. In der Zwischenzeit die Sahne steif schlagen. Wenn die Kirschmasse beginnt zu gelieren, hebt man die Sahne unter. Die Süßspeise in eine mit kaltem Wasser ausgespülte Schüssel geben und kalt stellen.

Für die Soße Eigelb, Zucker und heißes Wasser mit den Quirlen des Handrührgerätes schaumig rühren. Dann den Mascarpone oder Frischkäse unterrühren. Eventuell mit Kognac abschmecken. Kühl stellen.

Die erstarrte Sauerkirschspeise auf eine Servierplatte stürzen. Etwas Mascarponesoße über das Dessert gießen. Dann etwas Fruchtsaft darüber geben, so daß ein dekoratives Muster entsteht. Die restliche Mascarponesoße in einer Sauciere zu dem Dessert servieren.

Tip: Wenn Sie die Sauerkirschspeise nicht stürzen möchten, nehmen Sie zwei bis drei Blatt Gelatine weniger als im Rezept angegeben.

Apfelkaltschale mit Vanilleeis

1 1/2 l Apfelsaft oder -wein (Cidre)

2 Päckchen Vanillepudding-pulver

2 bis 3 Eßlöffel Zucker

100 g Rosinen oder Korinthen

600 g Äpfel

1 Vanilleschote oder Zimt-stange

pro Person 2 Kugeln Vanilleeis

SOMMER

Äpfel schälen, die Kerngehäuse entfernen und das Fruchtfleisch in Spalten schneiden. Rosinen oder Korinthen mit warmem Wasser abspülen. Von dem Apfelsaft oder -wein 6 Eßlöffel abmessen. Die übrige Flüssigkeit mit Rosinen oder Korinthen, Zucker, aufgeschnittener Vanilleschote oder Zimtstange in einen Topf geben. Die Flüssigkeit zum Kochen bringen.

Die Apfelspalten in den Topf geben und in der heißen Flüssigkeit garen, aber nicht zerfallen lassen. Das Puddingpulver mit dem zurückgehaltenen Apfelsaft oder -wein anrühren. Diese Masse in die Apfelsuppe geben und sie kurz aufkochen lassen. Die Suppe dann erkalten lassen.

Die Apfelkaltschale in Suppenteller oder -tassen oder in tiefe Kompottschälchen füllen und das Vanilleeis hineingeben.

Tip: Statt Vanilleeis können Sie auch Schlagsahne oder Schmand, gewürzt mit Vanillinzucker oder Zimt, zu der Kaltschale reichen. Im Winter können Sie die Suppe auch heiß als wärmende Köstlichkeit servieren.

für 6 bis 8 Personen

1 Päckchen Vanille-
puddingpulver

1/2 l Milch

2 Eßlöffel Zucker

200 g Löffelbiskuits

100 ml (6 Eßlöffel) Sherry

600 g Rhabarber

2 bis 3 Eßlöffel Zucker

200 g Erdbeeren

200 g Johannisbeeren

200 g Himbeeren
(alle frisch oder tiefgekühlt)

300 g Aprikosen

1 bis 2 Eßlöffel Zucker

250 ml Sahne

1 Päckchen Vanillinzucker

40 g Mandelblätter

1 Eßlöffel Zucker

Tip: Trifle ist ein typisches englisches Dessert, das auch mit Resten von Sandkuchen statt mit Löffelbiskuits zubereitet wird. Wenn Sie Trifle ohne Alkohol zubereiten möchten, tauchen Sie die Löffelbiskuits einfach in Apfelsaft.

Trifle

SOMMER

Von der Milch 6 Eßlöffel abnehmen und damit das Puddingpulver sowie den Zucker anrühren. Die übrige Milch in einen Topf geben und erhitzen. Das angerührte Puddingpulver in die kochende Milch einrühren und die Creme kurz aufkochen lassen. Die Vanillecreme dann erkalten lassen; dabei ab und zu durchrühren.

In der Zwischenzeit den Rhabarber putzen, in Stücke schneiden, mit wenig Wasser und Zucker in einen Topf geben und bißfest kochen. Dann abkühlen lassen. Die Aprikosen waschen, entsteinen, vierteln und ebenfalls mit wenig Wasser sowie Zucker kurz dünsten, aber nicht zu Mus kochen und abkühlen lassen.

Die Beeren vorbereiten; Erdbeeren in mundgerechte Stücke schneiden. Die Mandelblätter mit Zucker in einen Topf geben und kurz anrösten, dann erkalten lassen. Sahne mit Vanillinzucker steif schlagen und unter die abgekühlte Vanillecreme heben.

Sherry auf einen tiefen Teller gießen und die Hälfte der Löffelbiskuits mit der ungezuckerten Seite kurz hineintauchen. Damit den Boden einer Glasschüssel auslegen. Einen Teil der vorbereiteten Früchte darauf geben. Die Hälfte der Vanillecreme darauf verteilen. Die restlichen Löffelbiskuits ebenfalls in Sherry tauchen und auf der Vanillecreme verteilen. Darüber die restlichen Früchte geben und die restliche Vanillecreme verteilen.

Das Dessert für einige Zeit kühl stellen. Kurz vor dem Servieren mit den angerösteten Mandelblättchen bestreuen.

Für die Panna Cotta:

3 Becher Sahne von je 250 g

1 Eßlöffel Zucker

1 Päckchen Vanillinzucker

2 Vanilleschoten

6 Blatt weiße Gelatine

für die Beerensoße:

300 bis 350 g schwarze Johannisbeeren (frisch oder tiefgekühlt)

Zucker nach Geschmack

3 bis 4 Eßlöffel rote Johannisbeeren oder Himbeeren (frisch oder tiefgekühlt)

Panna Cotta mit Beerensoße

SOMMER

Gelatine in einem tiefen Teller mit reichlich kaltem Wasser 10 Minuten einweichen. Sahne, Zucker und Vanillinzucker in einen Topf geben. Die Vanilleschoten mit einem spitzen Messer längs aufschlitzen. Das Mark herausschaben und zusammen mit den Schoten in den Topf geben. Das Ganze erhitzen und etwa 10 Minuten leicht kochen lassen. Die Vanilleschoten aus dem Topf nehmen. Die Gelatineblätter gut ausdrücken und in die heiße, aber nicht mehr kochende Masse einrühren, so daß sie sich auflösen. Die Speise in kalt ausgespülte, kleine Förmchen oder Mokkatassen füllen und einige Stunden kalt stellen, damit sie geliert.

Für die Beerensoße die schwarzen Johannisbeeren mit Zucker nach Geschmack in einen Topf geben und kurz ankochen. Dann durch ein feines Sieb streichen. Die Soße erkalten lassen. Nun die roten Johannisbeeren oder Himbeeren hineingeben.

Um das Dessert anzurichten, stellen Sie sich eine Schüssel mit heißem Wasser bereit. Die mit der erstarrten Creme gefüllten Förmchen oder Tassen kurz in das heiße Wasser tauchen. So löst sich die Creme vom Rand der Formen und läßt sich besser stürzen. Zusätzlich können Sie die Creme mit einem langen, spitzen Messer vom Rand lösen. Jedes Förmchen auf einen Teller stürzen, mit der Beerensoße umgießen und mit frischen Erdbeeren oder Gartenfrüchten garnieren.

Tip: Dieses Dessert ist in Italien besonders populär, daher stammt auch der Name. »Panna cotta« bedeutet auf deutsch »gekochte Sahne«. Sie können dazu auch andere Fruchtsoßen – je nach Geschmack und Jahreszeit – servieren.

Zimtparfait mit karamelisierten Apfelkugeln

für 6 bis 8 Personen

Für das Parfait:

2 Eier

2 Eigelb

1 Päckchen Vanillinzucker

2 Eßlöffel Zucker

3 Eßlöffel Kognak

2 gehäufte Teelöffel Zimt

1/2 l geschlagene Sahne

für die Apfelkugeln:

1/2 l Apfelwein oder -saft

Saft von 2 Zitronen

1 Zimtstange

3 Eßlöffel Zucker

6 dicke, festkochende Äpfel

In einem warmen Wasserbad Eier, Eigelb, Zucker und Vanillinzucker mit den Quirlen des Handrührgeräts schaumig schlagen, bis die Masse fast weiß ist. Sie darf jedoch nicht kochen. Zimt und Kognak unterrühren, die Metallschüssel in kaltes Wasser stellen. Die Creme durchrühren, bis sie erkaltet ist. Geschlagene Sahne unterheben. Eine Kastenform mit Klarsichtfolie auslegen, die Masse hineingeben und mindestens 3 bis 4 Stunden gefrieren lassen.

Äpfel schälen und mit einem mittelgroßen Kugelausstecher etwa 60 Kugeln auslösen. Apfelwein oder -saft, Zitronensaft und Zimtstange in einen Topf geben. Die Apfelkugeln darin bißfest garen.

Die 3 Eßlöffel Zucker in eine Eisenpfanne geben, erhitzen und schmelzen lassen. Wenn sich der Zucker leicht hellgelb färbt, gibt man die Apfelkugeln portionsweise hinein und schwenkt sie in dem Karamel. Die Kugeln dann aus der Pfanne nehmen. Eine Gabel in den anhaftenden, heißen Karamel tauchen und Fäden von einer Apfelkugel zur nächsten ziehen. Etwa eine Stunde bevor Sie das Parfait servieren möchten, nehmen Sie es aus dem Gefrierfach und stürzen es auf eine Platte.

Zum Servieren bestreuen Sie die Dessertteller mit Zimt. Schneiden Sie das inzwischen leicht angetaute Parfait mit einem Messer in Scheiben und richten Sie diese auf den Tellern mit den Apfelkugeln an.

Mit einem Kugelausstecher lassen sich aus Äpfeln dekorative Kugeln herstellen. Zusätzlich kann man diese in heißem Zucker karamelisieren.

Tip: Das Parfait können Sie schon einige Tage vor dem Servieren zubereiten und im Tiefkühlfach aufbewahren.

Holundercreme mit Birnenpüree

für 6 bis 8 Personen

1/2 l Holundersaft

2 Eigelb

150 g Zucker

2 Eßlöffel heißes Wasser

Saft von 1 Zitrone

7 Blatt weiße Gelatine

1/4 l Schlagsahne

1 Dose Williams-Christ-Birnen oder die entsprechende Menge eingemachte Birnen

etwas Williamsgeist

nach Wunsch etwas steifgeschlagene Sahne zum Garnieren

Die Gelatineblätter in einer Schüssel mit kaltem Wasser einweichen. Eigelb, Zucker und heißes Wasser in einer Rührschüssel mit den Quirlen des Handrührgerätes schaumig schlagen. Zitronen- und Holundersaft dazugeben.

Die Gelatineblätter ausdrücken und in einem kleinen Topf auf dem Herd bei schwacher Hitze auflösen (oder in der Mikrowelle bei 300 bis 400 W für 30 bis 40 Sekunden). Vorsichtig etwas von der Holundermasse in die heiße Gelatine einrühren. Diese temperierte Gelatine dann unter die Holundermasse in der Rührschüssel rühren. Die Masse kalt stellen.

In der Zwischenzeit die Sahne steif schlagen. Wenn die Holundercreme beginnt zu gelieren, hebt man die Sahne unter. Die Creme abermals kalt stellen. Die Birnen abtropfen lassen und die Früchte pürieren. Nach Geschmack mit Williamsgeist verfeinern.

Zum Servieren mit einem Eßlöffel Nocken von der Creme abstechen und auf Dessertteller geben. Etwas Birnenpüree dazugeben. Nach Wunsch mit etwas Schlagsahne abrunden.

1 Eßlöffel Butter

1 Eßlöffel feiner Zucker

100 g Mandelblätter

250 g Mascarpone
(italienischer Frischkäse)

2 Eßlöffel Zucker

1 Päckchen Vanillinzucker

1/2 Becher Schmand

3 Eßlöffel Milch

20 Löffelbiskuits

75 ml Apfellikör

750 g bis 1000 g Apfelmus
oder weichgedünstete Apfel-
stücke

ungezuckerter Kakao zum
Bestäuben

Kirschäpfel zum Verzieren

Apfel-Tiramisu

HERBST

Zunächst aus Butter, Zucker und Mandelblätt-chen Krokant herstellen. Dazu die Butter mit dem Zucker in einer Pfanne so lange erhitzen, bis sich der Zucker leicht hellgelb färbt, also karameli-siert. Achtung: Der Zucker darf nicht zu braun wer-den, dann schmeckt er nämlich bitter. Die Mandel-blättchen unterrühren. Den Krokant erkalten las-sen und anschließend in kleine Stückchen hacken. Mascarpone mit Milch, Schmand und Zucker glatt-rühren. Die Löffelbiskuits in eine flache Form legen und mit Apfellikör begießen. Das Apfelmus dar-über verteilen. Krokant aufstreuen.

Die Mascarponecreme darüber geben, mit Kakao besieben. Das Dessert für 3 bis 4 Stunden in den Kühlschrank stellen.

Füllen Sie das Apfel-Tiramisu in eine große Glasform.
So kommen die verschiedenen Schichten gut zur Geltung.
Das Dessert wird mit ungezuckertem Kakao bestäubt.

Karamel-Windbeutel

Für die Windbeutel:

1/8 l Wasser

50 g Butter

65 g Mehl

1 Prise Salz

2 Eier

als Füllung:

1/4 l Sahne

für die Karamelsoße:

75 g Zucker

4 Eßlöffel kaltes Wasser

1/8 l Sahne

Puderzucker zum Bestäuben

HERBST

Den Backofen auf 220 °C vorheizen. Für die Windbeutel einen Brandteig zubereiten. Dafür Wasser, Butter und Salz in einem Topf zum Kochen bringen. Den Topf dann von der Kochplatte nehmen. Das Mehl auf einmal in den Topf schütten und mit einem Kochlöffel unterrühren, so daß ein glatter Kloß entsteht. Die Masse leicht abkühlen lassen. Nacheinander die beiden Eier dazurühren, so daß ein glatter, glänzender Teig entsteht. Den Teig in einen Spritzbeutel mit großer Stern- oder Lochtülle füllen. Ein Backblech mit Backpapier belegen und kleine Teighäufchen darauf spritzen.

Die Windbeutel im vorgeheizten Backofen 15 bis 20 Minuten backen. Die Bällchen aus dem Backofen nehmen und sofort seitlich einschlitzen. Dann auskühlen lassen.

Für die Karamelsoße Zucker in einem Topf bei schwacher Hitze auflösen und goldbraun kochen. Den Topf von der Kochplatte nehmen und vorsichtig das Wasser zufügen. Topf wieder auf den Herd stellen und rühren, bis sich der Karamel aufgelöst hat. Auskühlen lassen und flüssige Sahne unterrühren. Die Soße kalt stellen.

Die Windbeutel mit Schlagsahne füllen und mit Puderzucker bestäuben. Auf einer Servierplatte anrichten und mit der gut gekühlten Karamelsoße servieren.

für 4 Personen

400 g frische oder tief-
gekühlte Blaubeeren

2 Blatt weiße Gelatine

3 Blatt rote Gelatine

125 g Zucker

1 Päckchen Vanillinzucker

Saft von 1/2 Zitrone

3 Eigelb

1 Becher Joghurt

1 Becher Sahne

etwas roten Fruchtsaft
zum Garnieren

Blaubeer-Bavarois

HERBST

Die Gelatineblätter 10 Minuten einweichen. 300 g Blaubeeren, 100 g Zucker, Vanillinzucker und Zitronensaft pürieren. Die Gelatineblätter ausdrücken in einem warmen Wasserbad oder in der Mikrowelle (300 bis 400 W etwa 30 bis 40 Sekunden) schmelzen. Etwas Blaubeerpüree unter die aufgelöste Gelatine rühren. Dann die temperierte Gelatine unter die restliche Blaubeermasse ziehen. Eigelb mit dem restlichen Zucker schaumig schlagen. Blaubeerpüree und Joghurt unter das Eigelb rühren. Die Masse im Kühlschrank halbfest werden lassen.

In der Zwischenzeit die Sahne steif schlagen. Wenn die Blaubeercreme beginnt zu gelieren, die Sahne und die restlichen Blaubeeren unter die Creme ziehen. Die Massen dabei nur so lange miteinander vermengen, bis eine rot-weiß melierte Färbung entsteht. Die Creme in eine Schüssel füllen und 3 bis 4 Stunden in den Kühlschrank stellen.

Das Dessert läßt sich mit rotem Fruchtsaft, den man in Schlieren auf die Creme aufträufelt, garnieren.

Tip: Bavarois bedeutet in der Fachsprache der Köche »Bayerische Creme«. Die Bavarois besteht grundsätzlich aus gesüßtem Fruchtpüree mit Sahne. Wenn Sie die Blaubeercreme stürzen möchten, nehmen Sie 3 Blatt Gelatine mehr und füllen die Masse vor dem Erstarren in eine mit kaltem Wasser ausgespülte Form.

für 6 Personen

- 8 Blatt Gelatine
- 2 Eigelb
- 100 g Zucker
- 2 Zitronen
- 500 g Joghurt
- 100 ml Sahne
- 1 Zitrone zum Garnieren

Zitronen-Joghurtcreme

WINTER

Gelatine mit kaltem Wasser 10 Minuten einweichen. Die Zitronen abwaschen, auspressen und die Schale abraspeln. Joghurt mit dem Zitronensaft und der Zitronenschale verrühren. In einem warmen Wasserbad die Eigelb mit den Quirlen des Handrührgerätes schaumig schlagen und dabei nach und nach den Zucker einrieseln lassen. So lange quirlen, bis die Masse fast weiß ist. Die Gelatineblätter ausdrücken und in den warmen Eischaum einrühren, so daß sie schmelzen. Etwas Joghurt in die warme Eischaummasse einrühren, um die Temperatur anzugleichen. Dann das Ganze in den Joghurt geben und mit einem Schneebesen gut verrühren. Die Creme kalt stellen. In der Zwischenzeit die Sahne steif schlagen. Wenn die Creme zu gelieren beginnt, hebt man die Sahne unter und stellt das Dessert für einige Stunden in den Kühlschrank. Zum Servieren Nocken von der Creme abstechen und diese auf Tellern anrichten. Das Dessert mit dünnen Zitronenscheiben oder feinen Raspeln von der Zitronenschale garnieren.

für 8 Personen

- 12 Blatt Gelatine
- 600 ml frischgepreßter Orangensaft (aus 4 bis 5 Orangen)
- 80 bis 90 g Zucker
- 1 Teelöffel Ingwerpulver
- frisch geriebene Orangenschale
- 120 ml Cointreau (Orangenlikör)
- 500 g Mascarpone (besonders cremiger italienischer Frischkäse)
- 200 ml Sahne

Orangencreme

WINTER

Die Gelatineblätter in kaltem Wasser 10 Minuten einweichen. Mascarpone mit der Hälfte des Orangensaftes verrühren. Die andere Hälfte des Orangensaftes und die abgeriebene Orangenschale, Cointreau, Zucker und Ingwer unter Rühren erwärmen, bis sich der Zucker gelöst hat. Die eingeweichten Gelatineblätter ausdrücken und in die heiße Flüssigkeit einrühren. Etwas von der Mascarponecreme einrühren. Die Flüssigkeit dann mit einem Schneebesen unter die Mascarponecreme rühren. Anschließend in den Kühlschrank stellen. Wenn die Creme beginnt zu gelieren, hebt man die steifgeschlagene Sahne unter. Die Creme kalt stellen. Zum Servieren von der Creme mit einem Eßlöffel Nocken abstechen, mit Orangenspalten oder -scheiben garnieren.

für 6 Personen

6 Blatt Gelatine

50 g feingehackte Haselnüsse

30 g feingehackte Mandeln

1/2 l Milch

100 g Zucker

2 Teelöffel Instant-Kaffee-
pulver

100 g Blockschokolade

2 Eigelb

1/4 l Sahne

4 Eßlöffel Rum

etwas Zartbitterschokolade
und 2 Eßlöffel Mandeln zum
Garnieren

Noisettecreme

WINTER

Die Gelatineblätter 10 Minuten in kaltem Wasser einweichen. Die gehackten Haselnüsse und
Mandeln in einer Pfanne ohne Fett leicht anrösten.
Die Blockschokolade grob hacken, in einen Topf
geben und schmelzen. Nun Milch, Zucker, Kaffee-
pulver sowie die angerösteten Nüsse und Mandeln
zu der Schokolade in den Topf geben und unter
Rühren aufkochen lassen.

Die beiden Eigelb mit 2 Eßlöffeln von der heißen
Creme verrühren, um die Temperatur anzugleichen. Die Eigelb dann in die heiße, aber nicht
mehr kochende Creme einrühren. Die Gelatineblätter ausdrücken, ebenfalls unter die heiße Creme
rühren. Den Rum zufügen.

Die Creme kalt stellen. In der Zwischenzeit die
Sahne steif schlagen. Wenn die Creme beginnt zu
gelieren, die geschlagene Sahne unterheben. Die
Creme in eine Schüssel füllen und für einige Stunden kalt stellen.

Für die Garnierung die Mandeln in einer Pfanne
ohne Fett leicht bräunen und abkühlen lassen. Von
einer Tafel Zartbitterschokolade mit einem scharfen Messer dünne Späne abschneiden. Die Schoko-
ladenspäne und die Mandeln auf dem Dessert
verteilen.

Backobst-Terrine mit Vanillesoße

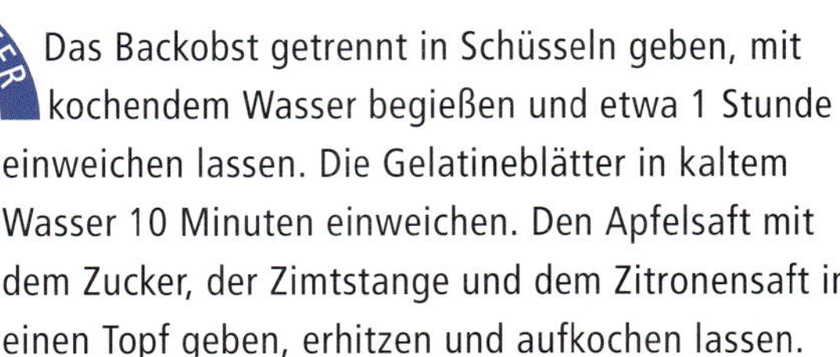

Für die Terrine:

200 g getrocknete Pflaumen
(ohne Kern)

200 g getrocknete Aprikosen

125 g getrocknete Apfelringe

6 bis 8 Belegkirschen

9 Blatt weiße Gelatine

3/4 l Apfelsaft
(kein naturtrüber Saft!)

Saft von 2 Zitronen

1/2 Zimtstange

3 Eßlöffel Zucker

für die Vanillesoße:

4 Eigelb

2 Eßlöffel Zucker

2 Teelöffel Speisestärke

2 Vanilleschoten

1/2 l Milch

etwas Sherry, Portwein oder
Rum zum Verfeinern

Das Backobst getrennt in Schüsseln geben, mit kochendem Wasser begießen und etwa 1 Stunde einweichen lassen. Die Gelatineblätter in kaltem Wasser 10 Minuten einweichen. Den Apfelsaft mit dem Zucker, der Zimtstange und dem Zitronensaft in einen Topf geben, erhitzen und aufkochen lassen.

Die Flüssigkeit etwas abkühlen lassen, die Gelatineblätter ausdrücken und in den Saft einrühren. Die eingeweichten Früchte abtropfen lassen. 6 bis 8 Apfelringe und die Belegkirschen beiseite legen. Die übrigen Früchte in kleine Stückchen schneiden. Kleine Förmchen, Kaffeetassen oder eine Dessertschüssel mit kaltem Wasser ausspülen. In jedes Förmchen einen Apfelring legen, in die Mitte eine Belegkirsche geben. Darüber je eine Schicht Aprikosen, Äpfel und Pflaumen geben. Den etwas abgekühlten Apfelsaft über die Früchte gießen. Das Dessert mindestens 5 Stunden kalt stellen.

Für die Vanillesoße das Vanillemark mit einem spitzen Messer aus den Schoten kratzen. Eigelb, Zucker, Stärkepulver und das Vanillemark in einen Topf geben. Mit der Milch verrühren und unter ständigem Rühren zum Kochen bringen. Die Soße dann abkühlen lassen. Dabei ab und zu umrühren, damit sich keine Haut bildet. Nach Geschmack mit Sherry, Portwein oder Rum verfeinern. Nun die Terrine auf Teller oder eine Platte stürzen (siehe nebenstehendes Foto). Die Vanillesoße um die Terrine herum gießen oder separat in einer Sauciere dazu reichen.

Um das Dessert aus den Tassen zu stürzen, stellen Sie sich eine Schüssel mit heißem Wasser bereit. Tauchen Sie die Tassen kurz hinein, dann löst sich die Masse gut vom Porzellan.

Gestürzte Walnuß-Mandelcreme

für 6 bis 8 Personen

7 Blatt weiße Gelatine
4 Eigelb
100 g Zucker
500 g Sahnequark
50 g Walnußkerne
50 g gehackte Mandeln
25 g Pistazien
1/8 l Amaretto (Mandellikör)

WINTER

Gelatine in einem tiefen Teller mit kaltem Wasser 10 Minuten einweichen. Das Eigelb und Zucker mit den Quirlen des Handrührgerätes zu einer cremigen Masse aufschlagen. Den Quark unterrühren.

Den Amaretto erwärmen. Die Gelatine ausdrücken und in dem heißen Likör auflösen. Diese Flüssigkeit unter die Quarkmasse rühren. Die Creme kalt stellen und leicht gelieren lassen. Dann Walnußkerne, Mandeln und Pistazien grob hacken und unter die Creme rühren.

Eine kleine Gugelhupf-Form aus Porzellan oder eine ähnliche Form aus Porzellan oder Glas mit kaltem Wasser ausspülen. Die Creme hineinfüllen und etwa 5 Stunden kalt stellen. Um die Creme zu stürzen, eine Servierplatte und eine Schüssel mit heißem Wasser bereitstellen. Die Form mit der Creme kurz in das heiße Wasser tauchen und die Creme dann auf die Platte stürzen. Nach Belieben garnieren.

Nützliche Küchengeräte

Wer viel und gern kocht, sollte nicht nur bei den Lebensmitteln, die er verarbeitet, wählerisch sein, sondern auch bei seinem »Handwerkszeug«. Aus Erfahrung läßt sich sagen: Gute, sorgsam ausgewählte Küchengerätschaften machen sich immer bezahlt!

Schneiden und Ausstechen

Ein »normaler« Haushalt braucht als Grundausstattung fünf Messer-Typen: ein Kochmesser, ein Fleischmesser, Küchenmesser, Schälmesser und ein Brotmesser.

Das große Kochmesser zeichnet sich durch seine lange, schwere Klinge aus. Zum Schneiden von Braten, Kuchen und Gemüse oder Kräutern ist es gut geeignet. Die Klinge des Fleischmessers ist nicht so hoch wie die des Kochmessers. Daher kann man auch hauchdünne Scheiben, beispielsweise vom Schinken, abschneiden. Das Küchenmesser, auch Officemesser genannt, hat eine spitze Klinge und ist in der Küche unentbehrlich. Zum Schälen ist es ebenso geeignet wie zum Schneiden von Lebensmitteln. Ein bißchen kleiner und mit gebogener oder gerader Klinge versehen ist das Schälmesser. Zum Brotschneiden ist das Messer mit langer Klinge und Wellenschliff ideal. Gute Messer erkennt man an einer sorgfältig geschliffenen Klinge, die vom Rücken zur Schneide hin dünner wird. Achten Sie auf einen Griff, der gut in der Hand liegt.

Ob Sie einen Sparschäler, auch Pendelschäler genannt, benutzen oder nicht, ist meist Erfahrungssache. Es gibt verschiedene Ausführungen, zum Beispiel auch spezielle Sparschäler für Spargel. Mit einer kleinen Schere können Sie sich das Zerkleinern von Kräutern, zum Beispiel von Schnittlauch, wesentlich erleichtern. Ein Versuch lohnt sich!

Mit einem Apfelausstecher läßt sich das Kerngehäuse aus ganzen Äpfeln herauslösen. Nicht nur zur Herstellung von Bratäpfeln wird dieses Hilfsmittel gebraucht, sondern auch dann, wenn gleichmäßige Apfelringe hergestellt werden sollen.

Eine runde Sache sind Kugelausstecher, die es in verschiedenen Größen gibt. Damit kann man Kartoffeln oder Gemüse und auch Obst, zum Beispiel Melonen oder Äpfel, und sogar Butter in eine dekorative Form bringen.

Käsehobel (1), Käsemesser (2), Zesten- oder Fadenreißer (3), Kugelausstecher (4), Apfelausstecher (5), Pendel- oder Sparschäler (6), Schere zum Kräuterschneiden (7), Gemüse- oder Küchenmesser (8), Schälmesser (9), Kochmesser (10), Fleischmesser (11), Brotmesser (12).

Ein Zestenreißer, auch Fadenschneider genannt, hat vorn mehrere feine, scharfgeschliffene Lochungen nebeneinander. Damit zieht man feinste Streifen von der Schale gewaschener Zitrusfrüchte oder von Gemüse, zum Beispiel von Möhren, ab. Sie dienen zur Dekoration.

Reiben, Mahlen, Pürieren

Ein Pürierstab gehört heute in jede Küche. Er ist schneller einsatzbereit als ein Mixer und wird deshalb häufiger genutzt, um beispielsweise Fruchtpürees herzustellen, Soßenfonds zu pürieren oder Mixgetränke zuzubereiten.

Wer Pürees zubereiten und dabei gleichzeitig Fruchtschalen und -kerne sowie andere unerwünschte Bestandteile zurückhalten will, braucht feinmaschige Metallsiebe in verschiedenen Größen. Die Siebe sollten einen verstärkten Rand haben, damit sie auch größerem Druck beim Durchstreichen der Speisen standhalten. Diese Siebe braucht man auch zum Abgießen von Brühen und Soßenfonds.

Im Volksmund als »Flotte Lotte« bekannt ist das Passiergerät, auch Passetout genannt. Es ist nicht nur hilfreich bei der Zubereitung von Apfelmus, wobei es Schalen und andere feste Teile zurückhält. Auch viele andere feine, pürierte Speisen lassen sich damit gut zubereiten.

Unentbehrlich sind Reiben in verschiedenen Größen, zum Beispiel eine Universal-Handreibe für Gemüse, Kartoffeln, Käse, Schokolade und vieles mehr oder eine kleine Spezialreibe für Muskatnüsse.

Wer Knoblauch sparsam zum Abrunden von Speisen einsetzen will, braucht eine Knoblauchpresse, die die Zehen fein zerkleinert. Eine gute Pfeffer-

Metallsiebe (1), Passiergerät oder »Flotte Lotte« (2), Pfeffermühle (3), Universalreibe (4), Muskatreibe (5), Mörser (6), Pürierstab (7), Knoblauchpresse (8).

mühle erkennen Sie an einem leistungsfähigen »Peugeot-Stahlmahlwerk«, auf das der Hersteller über 20 Jahre Garantie gibt. Zum Zerkleinern anderer Gewürze, zum Beispiel Korianderkörner, roter oder grüner Pfefferkörner, ist ein Mörser hilfreich.

Braten und Kochen

An hochwertigen Edelstahltöpfen mit gut leitenden Böden hat man jahrzehntelang Freude. Auch an Bratpfannen sollte man nicht sparen. Sie brauchen mindestens zwei Pfannen: eine zum Fleischbraten und eine zum Braten und Backen empfindlicher Eier- und Fischgerichte. Die Fleischpfanne besteht in der Regel aus Edelstahl, Gußeisen oder Eisen; als Pfannenmaterial für empfindliche Speisen wird meist beschichteter Stahl gewählt.

Bräter gibt es zwar auch in Edelstahl, aber Küchenprofis schwören hier auf Gußeisen. Dieses Material erreicht höhere Temperaturen und ermöglicht dadurch eine intensivere Bräunung von Fleisch und Soße. Wenn Sie häufig Wild, Geflügel oder größere Braten zubereiten, sollten Sie sich eher für einen ovalen als für einen runden Bräter entscheiden.

Um größere Portionen Fleisch, Fisch, Geflügel oder Gemüse zu garen, sind große, eckige Edelstahlformen nützlich. Sie füllen den Backofen optimal aus.

Ein sehr nützliches und in Privathaushalten viel zu wenig bekanntes Hilfsmittel zum Fleischgaren ist das Bratenthermometer. Insbesondere dann, wenn man größere Fleischstücke zubereitet, ist es schwierig, die Garzeit abzuschätzen. Dann kommt das Bratenthermometer zum Einsatz. Das Gerät besteht aus einem Metallstiel mit eingebautem Temperaturfühler und einem Zifferblatt zum Ablesen der Temperatur. Man sticht das Bratenthermometer in das Fleischstück und schmort das Fleisch wie gewohnt im Backofen oder auf der Kochplatte. Der Temperaturfühler mißt die sogenannte Kerntemperatur im Inneren des Fleisches. Hat sie einen bestimmten Wert erreicht, ist das Fleisch gar.

Edelstahltöpfe in verschiedenen Größen (1), Eisen- und Gußeisenpfanne (2), Edelstahlform (3), gußeiserner Bräter (4), Fleisch- oder Bratenthermometer (5).

Welche Kerntemperaturen bei verschiedenen
Fleischarten erreicht werden müssen, kann man
auf dem Zifferblatt des Bratenthermometers
ablesen.

Praktisches Allerlei

Ohne Salatschleuder gelingt kein aromatischer
Blattsalat. Denn nur die gut getrockneten Blätter
können das Dressing voll aufnehmen. An feuchten
oder nassen Blättern perlt die Marinade ab und
bleibt in der Salatschüssel. Die Salatschleuder
können Sie auch zum schonenden Trocknen von
frischgewaschenen Kräutern einsetzen.

Schneebesen sollten Sie in verschiedenen Größen
besitzen, denn nichts ist unpraktischer als ein zu
großer Besen in einer kleinen Schüssel und umge-
kehrt. Neben dem großen Schlagbesen mit kräfti-
gen Drähten für festere Speisen sind mehrere kleine Schneebesen und eventuell auch ein flacher
Tellerbesen zum Verrühren kleiner Mengen und
empfindlicher Speisen sinnvoll.

Eine nicht ganz billige, aber nützliche Anschaffung,
ist ein sogenannter Schlagkessel. So eine runde
Edelstahlschüssel, die es mit oder ohne Griff gibt,
erleichtert das Aufschlagen von Sahnesoßen und
Cremes und das Anrühren von Salatdressings. Damit
die runde Schüssel Stand hat, braucht man zusätzlich einen rutschfesten Stellring. Der Schlagkessel
mit Griff, auch Bain-marie genannt, ist außerdem
ideal als Wasserbadschüssel zum Aufwärmen und
Abkühlen von Speisen.

Küchengarn besteht aus kochfesten, nicht färben-
den Naturfasern ohne Kunstfaserzusatz. Es schnürt
Lebensmittel zusammen, hält Fleisch beim Braten
in Form und bindet Kräuter- und Gewürzsträuß-
chen.

Küchengarn (1), Salatschleuder (2), Schlagkessel mit Stellring (3), Ballonbesen (4), Spiralbesen (5), Rührbesen (6), Schlagbesen (7), Tellerbesen (8).

Küchenfachbegriffe kurz erklärt

Um gut kochen zu können, muß man natürlich nicht das »Fachchinesisch« der Profiköche beherrschen. Aber dennoch ist es hilfreich, einige Begriffe zu kennen, die immer wieder in Rezepten vorkommen – nicht nur in diesem Buch. Sie drücken kurz und knapp eine bestimmte Arbeitstechnik aus, die man andernfalls langatmig umschreiben müßte.

Ablöschen

In unseren Rezepten wird sehr häufig angedünstetes Gemüse abgelöscht. Dazu gießt man Flüssigkeit, zum Beispiel Brühe oder Wein, zu dem Gemüse in den Topf und läßt das Ganze aufkochen. Auch angebräuntes Fleisch oder Knochen werden auf diese Weise abgelöscht.

Abschäumen

Das ist ein Begriff, der bei der Herstellung von Fleischbrühen verwendet wird. Werden Suppenfleisch oder Knochen mit Wasser zum Kochen gebracht, gerinnt dabei Eiweiß und bildet Schaum. Dieser wird mit einem Schaum- oder Seihlöffel (gelochter großer Löffel) abgenommen.

Abschlagen

Feine Cremes oder Soßen werden im warmen Wasserbad so lange mit einem Schneebesen oder mit den Quirlen des Handrührgerätes gerührt, bis sie sich erwärmt haben und dabei cremig werden.

Anschwitzen

Diese Küchentechnik wird auch als Andünsten bezeichnet und meint das Erhitzen von Mehl oder Gemüse in Fett, wobei eine leichte Bräunung auftritt. Die dabei entstehenden Röststoffe sorgen für einen aromatisch-würzigen Geschmack.

Blanchieren

Rohes Obst oder Gemüse wird kurz in kochendes
Wasser eingetaucht oder mit kochendem Wasser
überbrüht, um anschließend die Haut leichter ab-
zuziehen, die Lebensmittel vorzugaren oder ihre
Farbe zu erhalten.

Filetieren

Dieses Wort ist vom Filet, dem feinsten Fleischstück, abgeleitet und meint das
Herauslösen von Filets bei Fleisch, Geflügel und Fisch oder bei Zitrusfrüchten das
Herauslösen von Segmenten aus den Trennhäuten.

Um eine Orange zu filetieren, schält man zunächst die gesamte Haut ab. Dann werden die
Fruchtstücke einzeln aus den Trennhäuten geschnitten.

Fond

Die Flüssigkeit, die beim Kochen, Dünsten, Braten
oder Schmoren von Nahrungsmitteln entsteht,
heißt in der Fachsprache Fond, zum Beispiel der
Bratenfond, aus dem eine leckere Soße zubereitet

Fachbegriffe
von G bis P

wird, wenn das Fleisch gar ist. Profiköche nutzen spezielle Fonds, die sie selbst aus Knochen und Gemüse herstellen, als Grundlage für feine Soßen und Suppen. Man kann Fonds gut auf Vorrat herstellen und in kleinen Portionen einfrieren.

Garziehen

Empfindliche Lebensmittel, zum Beispiel Fisch, dürfen nicht bei großen Temperaturen in Flüssigkeit kochen, sondern man läßt sie knapp unterhalb des Siedepunktes garziehen.

Julienne

Dieser Begriff kommt aus der feinen französischen Küche und bezeichnet in feine Streifen geschnittenes Gemüse in Streichholzlänge. Dazu verwendet man beispielsweise Möhren, Porree, Kohlrabi oder Zucchini.

Juliennes sind streichholzlange Streifen aus Gemüse, die als Garnierung oder als Suppeneinlage verwendet werden.

Karkasse

So nennt man das Knochen- oder Grätengerüst
eines Tieres. Die Karkasse ist zu schade zum Weg-
werfen. Aus ihr läßt sich – zusammen mit Gemüse
und Gewürzen – ein aromatischer Fond (siehe
oben) zubereiten.

Karamelisieren

Karamel bedeutet »gebrannter Zucker«. Er wird durch das Erhitzen, Schmelzen
und Bräunen von Zucker hergestellt. Wie braun der Zucker dabei wird, ist von der
Temperatur und von der Erhitzungsdauer abhängig. Durch Karamelisieren wird
auch Zuckerkulör, ein beliebter Lebensmittelfarbstoff, hergestellt.

Kasserole

Ein aus der Mode gekommener Begriff für Topf.

Legieren

Suppen oder Soßen lassen sich geschmacklich verfeinern und auf edle Art sämig
machen, indem man Eigelb oder Sahne unterrührt. Wichtig dabei ist, die Temperatur
dieser Zutaten an die heißen Suppen oder Soßen anzupassen. Dazu rührt man erst
etwas heiße Flüssigkeit in das Eigelb oder in die Sahne ein, ehe man sie in die restliche, heiße Flüssigkeit gibt. Wichtig: Eine mit Eigelb legierte Suppe darf nicht mehr
kochen, da sie sonst gerinnt.

Mousse

Ein französischer Begriff für Schaum, der in der
deutschen Küche für besonders lockere und luftige
Cremes verwendet wird.

Passieren

Um unerwünschte Bestandteile (zum Beispiel
Fruchtkerne) zu entfernen und einer Speise eine
besonders feine Beschaffenheit zu geben, streicht
man Suppen, Beeren oder andere Speisen durch
ein feines Metallsieb. Zum Passieren gibt es auch
ein Passiergerät mit Handkurbel, das im Volksmund »Flotte Lotte« genannt wird und bei Küchenprofis »Passetout« heißt. Traditionell wird es
zur Herstellung von Apfelmus verwendet.

Parfait

Das kann eine herzhafte oder süße Speise sein. Als herzhaftes Gericht besteht das Parfait – ähnlich wie die Terrine – aus einer feinen Masse, meist auf der Basis von Milch und Eiern, die erstarrt und dann gestürzt wird. Wird ein Dessert als Parfait bezeichnet, versteht man darunter ein besonders feines Eis mit hohem Sahne-Anteil. Ein Parfait wird niemals hartgefroren, sondern immer leicht angetaut serviert. Nur so läßt es sich gut schneiden und entfaltet sein volles Aroma.

Pürieren

So wird das Zerkleinern von rohen oder gekochten Speisen zu einer breiigen Masse genannt. Dazu kann man verschiedene Gerätschaften verwenden, zum Beispiel einen Pürierstab, einen Mixer, eine Kartoffelpresse oder einen Fleischwolf.

Terrine

Damit ist nicht nur die spezielle Porzellanschüssel für Suppen gemeint, sondern auch eine kalte Vorspeise. Die klassische Terrine besteht aus einem gewürzten, pürierten Fleischteig (in der Fachsprache Fleischfarce genannt). Diese Masse wird in eine mit Folie oder Speckscheiben ausgelegte Form gefüllt und im heißen Wasserbad im Backofen gegart. Heute benutzt man den Begriff Terrine auch für andere, cremige Vorspeisen, beispielsweise auf der Basis von Joghurt, Kräutern oder Fisch. Im Gegensatz zu einer Terrine hat eine Pastete eine Teighülle und wird meistens warm serviert.

Tranchieren

Gegartes Fleisch, Geflügel oder Fisch wird in Scheiben geschnitten oder in Stücke zerlegt, um es anschließend zu servieren.

Wasserbad

Nicht alle Speisen vertragen es, im Topf bei direkter Hitze erwärmt zu werden. Sie würden dabei anbrennen oder gerinnen. Das gilt insbesondere für feine Eierspeisen und Soßen wie die Sauce

Unten heißes Wasser, darüber eine gut leitende Edelstahlschüssel: In so einem Wasserbad werden empfindliche Speisen sanft erwärmt.

Hollandaise oder die Zabaione. Solche Gerichte bereitet man in einem Wasserbad zu. Das heißt: In einem Topf erhitzt man Wasser. Dort hinein hängt man eine Edelstahlschüssel, in der die Speise langsam und vorsichtig erwärmt wird. Wer viel mit dem Wasserbad arbeitet, sollte sich eine spezielle Schüssel – Bain-marie genannt – kaufen (siehe Kapitel Küchengeräte).

Rezeptverzeichnis

Hauptgerichte

Desserts

Wenn jemand gern und gut kocht, wird er oft nach den Rezepten für seine Gerichte gefragt. So ergeht es **Marlies Tubes** aus Kirchhellen immer wieder. Die Landfrau mit fundierter ländlich-hauswirtschaftlicher Ausbildung ist aufgeschlossen für alles Neue in der Küche. Seit 1991 werden die Rezepte von Marlies Tubes regelmäßig im Landwirtschaftlichen Wochenblatt Westfalen-Lippe in der Rubrik »Schlemmermahl des Monats« veröffentlicht und von vielen Leserinnen und Lesern ausprobiert.

Mathilde Schulze Beikel aus Borken-Marbeck steuert seit 1992 Rezepte für das »Schlemmermahl des Monats« bei. Und auch im Borkener Lokalradio ist die Meisterin der ländlichen Hauswirtschaft bekannt für ihre praktischen Küchentips und guten Rezepte. Ihre Stärke sind vor allem die schnellen, leckeren Gerichte mit Zutaten aus der Region.

... eine Auswahl unserer Bestseller

Zauberhafte Motive von Marjolein Bastin

ede Woche ein neues, farbiges
Motiv aus der Tier- und Pflanzen-
welt, mit zartem Strich gezeichnet
und einfühlsam erklärt. Termin-
kalender, Tagebuch, Naturführer
und Bilderbuch in einem.
28 Seiten, spiralgeheftet
– erscheint jedes Jahr neu –

Best.-Nr. 44048   DM 18,–

Komm zu Benedikt auf den Bauernhof

Eine Sachgeschichte rund um den
Bauernhof. Für Kinder zwischen
fünf und neun Jahren, mit rund
60 realitätsbezogenen Fotos, mit
farbigen Illustrationen, mit klaren,
einfachen Texten zum Vorlesen
und Selberlesen.
32 Seiten, gebunden

Best.-Nr. 03386   DM 24,80

Wochenblatt-Malmappe für unsere Jüngsten

In der beliebten Bildermalmappe
stecken zehn Bilder und vier
Postkarten zum Ausmalen. Jedes
Bild zeigt eine andere Szene vom
Bauernhof.
10 Ausmalbögen DIN A3,
4 Postkarten DIN A6

Best.-Nr. 03387   DM 9,80

Schmuckvolles aus Naturmaterialien

Zahlreiche Ideen für Dekorationen
rund ums Jahr sind in dem
Anleitungsbuch von Ria Kormann
zu finden. Notwendige
Schablonen sind in Originalgröße
auf einem Schnittmusterbogen
abgebildet.
112 Seiten, gebunden

Best.-Nr. 03366   DM 29,80

Preisänderungen vorbehalten. Stand: September 1997

Bestellkarte

Stück-zahl	Bestell-Nr.	Artikelbezeichnung	Einzel-preis/DM	Gesamt-preis/DM
	44048	Naturkalender 1998 (solange Vorrat reicht)	18,–	
	44052	Naturkalender 1999	ca. 18,–	
	44052	Naturkalender ab Ausgabe 1999 zur Fortsetzung	je ca. 18,–	
	03386	Benni, Lissi und ein Haus voll Tiere	24,80	
	03387	Wochenblatt-Malmappe	9,80	
	03366	Raffiniert dekoriert	29,80	
	80204	Mit Blumen schmücken	14,–	
	80189	Super Salate	14,–	
	03344	Lust auf Torte	24,80	
	03369	Backen und genießen	24,80	
	03436	Schlemmer-Menüs	26,80	

Bitte Ihre Adresse auf der Rückseite nicht vergessen!

Gesamtbetrag (Summe)

... pfiffige Ideen und Rezepte

Tolle Dekorationen aus dem eigenen Garten

Hier finden Sie für alle Jahreszeiten und Gelegenheiten Anleitungen für Raum- und Eingangsschmuck sowie für schnelle und auch üppige Mitbringsel. Das Heft ist nach dem Gartenjahr gegliedert in Kapiteln über Frühjahrsblüher, Grüngestaltung, Sommer- und Trockenblumen, Kräuter- und Weihnachtsdekorationen.
58 Seiten DIN A4, geheftet

Best.-Nr. 80204   DM 14,–

Super Salate

Viele Ideen für tolle Salate: Rezepte für raffinierte Rohkostsalate, sättigende Partysalate, erfrischende Obstsalate und feine Cocktails. Mit Tips für verschiedene Soßentypen und zahlreichen Ideen für eigene Abwandlungen.
70 Seiten DIN A4, geheftet

Best.-Nr. 80189   DM 14,–

Profi-Rezepte für die Kaffeetafel

In dem Bestseller werden die schönsten 60 Torten des Konditormeisters Helmut Langen vorgestellt. Großformatige, rezeptgetreue Fotos tragen zum Gelingen der köstlichen Rezepte bei.
176 Seiten, spiralgeheftet

Best.-Nr. 03344   DM 24,80

Rezeptgetreue Fotos erleichtern das Nacharbeiten

Neue Backrezepte von Helmut Langen für fruchtig-lockere Kuchen, knusprige Plätzchen, leckeres Kleingebäck und herzhafte Spezialitäten. Mit vielen Tips und Tricks vom Konditor.
175 Seiten, spiralgeheftet

Best.-Nr. 03369   DM 24,80

Preisänderungen vorbehalten. Stand: September 1997

Absender

____
Name, Vorname

____
Straße, Nr.

____
PLZ/Wohnort

____
Datum   Unterschrift

Ich bin an weiteren Buchangeboten interessiert und bitte um Zusendung der Informationen – kostenlos und unverbindlich:

❏ BUCHTIP des Monats

Bitte ausreichend frankieren

Antwort

Landwirtschaftsverlag GmbH

Leserservice

48084 Münster